「究」叢書・知を究める 18

# 心理療法家がみた日本のこころ

いま、「こころの古層」を探る

河合俊雄［著］

ミネルヴァ書房

# 心理療法家がみた日本のこころ——いま、「こころの古層」を探る

目次

目　次

# はじめに――変わるこころ、変わらないこころ

## こころの最前線

私が曲がりなりにも心理療法でクライエントに会いはじめたのは、大学院一年生の一九八〇年であるから、もうすでに四〇年が経とうとしている。学ぶ立場から、長年の訓練を経ていちおう一人前となり、さらに教えることも増える立場に変わったとはいえ、スポーツなどと違って、心理療法ではたとえ指導者になったとしても、現役を退くわけではない。その意味では常に最前線に立ち続け、学び続けることになる。すると、いくら訓練を受け、経験を積んだとしても、実際の心理療法ではうまくいかないことが生じてくる。

さらには、これまでに学んできたり、一般に通用していたりした見方や方法が今のクライエントにあまり当てはまらなくなっていることに気づかされることもある。それは心理療法が相手のクライエントによって非常に個別的で、一期一会的なものであるだけによるのではなくて、人のこころのあり方が時代の変化とともに全体として変化していくことにもよる。ここでの「こころの最前線」とは、最前線でこころの悩みや問題に取り組んでいくことから示唆を得るという意味と同時に、

こころが変化していくことに伴っての、時代の最前線からの報告という意味も含まれるのである。

## 症状の変化——対人恐怖

自分が心理療法家として関わる職場も、形態も変わっていったので、単純な比較は許されないかもしれないけれども、私の経験した四〇年くらいの期間であっても、症状や悩みの変化をはじめとして、時代とともに人のこころのあり方が変わっていったことに驚かされる。こころの最前線は常に変化しているのである。

たとえば、私が大学生の頃に、一番ポピュラーな心理的な症状といえば「対人恐怖」であった。その典型的な現れとしてはたとえば、「大学に行こうとしたら近所の人たちが立ち話をしているので、自分のことが噂されているのではないかと思って不安になる」というものがある。あるいは「授業を受けていると、後ろの方の席の人たちに見られているのではないかと思い、その視線が気になって仕方がなく、怖くなって授業に行きにくくなる」。このような怖さが感じられるのは、家族や親しい友人などの近しい人や、逆に電車の中で出会う人などの全く知らない人に対してではなくて、ちょうどその中間の「少し知っている人」に対してみられるのが特徴的である。したがって近年において「社交不安障害」として国際的な基準から分類されているものとは多少異なって、日本人に典型的な症状として知られていた。英語の論文でもＴＫＳ（Taijin Kyofusho symptoms）と略称されているくらいである。

このような症状が生まれてくるのは、これまでの家族や集団に包まれたあり方をやめて、そこから自立していこうとする個の意識や自意識が生まれてくるためであると考えられる。するとこれまでの保護してくれる心地よいはずの家族や集団は、そこから抜けだそうとする者にとっては、逆に自分を束縛し、邪魔する否定的なものに感じられる。その結果としてそれが見られている、噂されているなどの過剰な自意識として受けとめられることになる。これは、発達的にみると家族から自立していく青年期に特徴的な現象で、私が若い頃には、症状とまではいかなくても、多くの若い人にこのような対人恐怖的心性が共有されていた。また夏目漱石が対人恐怖であったといわれるように、この症状には明治になって西洋の文化や思想に接するようになって、個の意識を確立しようという力が日本で働いてきて、それと従来の集団に基づく生き方との間での葛藤が生まれたことが関係している。したがってこの症状には、発達的な課題だけではなくて、文化的・歴史的な課題が含まれていたのである。

ところが近年において対人恐怖の症状で相談に訪れてくる人はめっきり少なくなってしまった。それに対して近年に一番多いと思われる症状は、後でも取り上げるように解離性障害と発達障害である。対人恐怖症が、個の意識を確立するという歴史的な課題に関係しているとすると、その症状が少なくなったということは、近代意識の確立という課題が日本で達成されてしまったことを意味するのかというと、全くそういうわけではない。後でも詳しく見ていくが、むしろ集団から自立して個人的な意識をもとうとする近代意識の確立という課題が、現代においてはあまり重要でなくなってきていると考えられるのである。

それに従って、近代意識の確立に伴う自意識の葛藤が近年は弱くなり、葛藤をもたない、悩みを訴えないクライエントが増えてきている。従来の心理療法は、悩んでいる人が自主的に訪れてきて話してくれるということを想定してきたのに対して、そのような新しい、悩まないクライエントにどう接したらよいのかというのは心理療法の最前線にとっての新たな挑戦である。

### 危機とこころの古層

ところで、こころは変化し続けるだけではない。東日本大震災の後に、幽霊が出現した話が多く報告されたという（赤坂憲雄「和解について」）。近代合理主義の精神からすると、幽霊というのは存在するはずがないが、一九一〇年に出版された『遠野物語』を読むと、近代のすぐ手前まで、つまり前近代の意識にとってそれは当たり前のような事象であったことがわかる。ところが自然災害や重篤な病などによる危機的な状況になると、こころの古層となっている前近代的な心性が姿を見せはじめる。それは単なる混乱や幻想のためであったり、破壊的な結果をもたらしたりすることもあれば、こころを癒してくれるために創造的なこともある。だから何らかの危機を迎えているがために受ける心理療法においては、こころの古層が活性化されることが多い。

フロイトとともに無意識のこころというものを前提とする精神分析を押し進めていたユングは、フロイトから袂を分かち、第一次世界大戦前くらいから方向喪失の感覚を覚えて、破滅的なヴィジヨンや夢などを体験して、精神的危機に陥る。その時の体験を記述した『赤の書』の第三部や、『ユング自伝』に描かれているように、大戦の終わりの方に自宅を死者たちが訪れてくるという不思議な経験をした。これも震災と同じように、世界大戦で亡くなった多くの死者の鎮魂という課題が関わっていたと思われる。ユングはこころの古層の存在を身をもって知っていた人であり、それがイメージとして現れてくることの治療的作用にも気づいていた。だからこそ、ユング派の心理療法では夢や、箱庭などによる表現が重視される。

歴史を紐解いてみると、中世の説話などからもわかるように、昔の人々は夢を大切にしており、現実とほぼ同じくらいの意味と現実性を夢に認めていた。合理的に生きているたいていの現代人は夢など重視していないであろう。それは不安夢や悪夢を見て目覚めた後にもらされる、「夢でよかった」という感想にも現れている。しかし困難な課題や問題に直面しているからこそ、心理療法で夢を扱うという、こころの古層に尋ねていくことが意味をもつのだと思われる。常にこころが変化をしているという意味では、こころについての既成の概念や理論はたちまち役に立たなくなる。しかし古層をもっている点では、こころの古層を反映している神話、儀式、芸術作品などの文化的遺産がこころを知り、支え、変容させていくうえで役に立つこともあるといえよう。だから本書では、こころの最前線に注目しつつ、その背景にこころの古層がどのように関わっているかを明らかにできればと思う。

## こころの古層とポストモダン

今の時代において、近代における個の意識や主体性を確立させるという課題がいつの間にか忘れ去られつつあると述べた。自分の中心性や主体性をもとうとしない現代の意識を、ここでは近代意識の後に訪れたものという意味で、ポストモダンの意識として考えていきたい（河合俊雄『村上春樹の「物語」』）。啓蒙主義をはじめとして、前近代の習慣やこころのあり方を批判的に破壊してきたのが近代の意識である。すると近代意識的なあり方が弱まってくると、逆に前近代のこころ、こころの古層が現れやすくなってきているように思われる。ここでは、こころの最前線であるポストモダンのあり方と、こころの古層がいかに交錯するかについてもふれていければと思う。

# 第1章　現代の心理療法とこころの古層

## 1　発達障害と中世のこころ

現代における心理療法の最前線とこころの古層がいかに関連しているかを端的に示す例として、発達障害を取り上げてみたい。現時点における専門用語としては、DSM-5（Diagnostic and Statistical Manual of Mental Disorders、米国精神医学会による精神障害の診断および統計マニュアル）によると自閉症スペクトラム障害（autism spectrum disorder）などに当てはまるが、ここでは一般によく使われている発達障害ということばを主に用いることにする。

### 症状の変遷と発達障害

近年、「自分は発達障害だと思う」とか、家族や周りの人に「自分は発達障害だと言われた」という訴えで心理療法を受けに来る人が増えている。実際のところ、二〇〇〇年以降に発達障害、あるいは自閉症スペクトラム障害と診断される人の数は爆発的に増加している。こころの最前線を考えるうえで、今どのような症状が流行していて、どのように時代とともに変化していったのかに注目してみると興味深い。それを少し振り返ってみたい。

日本人に典型的なこころの悩み、症状として知られていたのは対人恐怖である。ところが私が大学で心理療法を学びはじめた一九八〇年頃に、少し前から猛威を振るうようになっていたのが「境界例」である。元々境界例は、対人恐怖のように不安や抑うつなどからなる症状があまり重篤でない「神経症」と行動や思考の障害が著しい統合失調症などの「精神病」との境界に存在する症状という意味であった。しかし後には特異な人格構造として捉えられるようになった。親子関係をはじめとする二者関係への執着、無制限の自己主張と徹底した他者批判を特徴としていて、自分の状態が悪いことも全て母親やその育て方のせい、あるいは誰かのせいにされてしまうことが多い。したがってセラピストにも愛憎の両極の感情を向け、極端な要求と非難をぶつけることが多い。たとえば少しでも自分の状態が悪くなると、それはセラピストの対応がまずかったせいにされ、セラピストを罵倒し、取り返すための過大な要求を突きつけることになる。

ところが境界例はいつのまにか下火になり、一九九〇年代には自分の人格の連続性が失われる解離性障害が多く見られるようになる。手首を切ったり、過食をしたことを全く覚えていなかったり、子どものように退行した別の人格が現れたりする。それも一時よりは下火となって，今は発達障害がもっとも流行している。そもそも「自閉症」がようやく第二次世界大戦中にアメリカのカナーとオーストリアのアスペルガーによって独立に発見されたこともこの症状の時代性を示唆している。重症の自閉症の場合に対人関係や言語能力が全く成立しないこともあるので，以前は早期母子関係の問題とみなされていたけれども，近年は脳中枢神経系の障害と考えられ，教育や訓練による対応が中心になっている。またL・ウィングにはじまって，重症だけでなく，軽症まで連続してスペクトラムで捉える見方が最近では支配的である。そのために，少し対人関係やコミュニケーションに問題があったり，衝動性が強かったりすると，発達障害とみなされてしまうようである。

**発達障害と主体のなさ**

発達障害の特徴としては，ウィングの提唱した①相互的社会性の障害，②コミュニケーション能力の障害，③イマジネーションの障害の三つ組みが有名であるが，その中核的特徴を一口でいうと，「主体のなさ」や弱さということになると思われる（河合俊雄編『発達障害への心理療法的アプローチ』）。やや軽症の場合に絞って説明すると，主体の弱さは，二人での会話はできるけれども，三人以上になると誰に焦点を当てたらよいかわからない，あるいは学校の教室で，先生の話と隣から話しかけてくる級友のどちらの話を聴いたらよいかわからない，などという訴えに現れている。つまりどちらに焦点を当てるかという選択する主体の働きが弱いのである。

また主体の弱さによって自他の区別がはっきりとしないために、ゴミが捨てられなかったり、極端に他人に合わせてしまったり、大人になっても家族が密着していて、同じ部屋で寝たり、一緒にお風呂に入ったりということがある。主体であるためには、他者や他のものから分離されていることが重要であるが、その分離の働きがあまり機能していないのである。選択するためには、選ばなかったものを否定せねばならず、分離のためにも否定が大切なので、主体のなさは否定のなさともいえる。何でも拒否する反抗期が自我の芽生えを意味するように、否定の機能は主体の確立のために欠くべからざるものなのである。

一般に発達障害に対して心理療法が有効でないとされているが、それも主体の弱さのためであることがわかる。というのも心理療法は内省できる主体を前提にしているからである。それは自発的に来談して、主体的に話して、自分で解決を見つけていける能力のある人を対象としている。したがって、主体性が弱いとそもそも自分から進んで来談しないし、たとえ心理相談室などに家族などによって連れて来られても、自分で解決を見つけていくという設定にのることができないのである。

## 主体性・近代・ポストモダン

しかし考えてみると、このような自立した主体とは、西洋近代に登場したもので、したがって文化・歴史的に見て非常に特殊なものである。前近代の世界においては、人々は共同体の中のつながりとルールに従って生きていたので、そこでは個々の主体性はあまり必要でなかった。西洋近代において個々人の主体が生まれてきて、それとともに個人が自分を内省する心理療法も発展してきた。ところがポストモダンといわれる現代においては、個人の主体性は再び揺らぎつつあるのではないか。生物学的な基盤があるとしてもこれだけ発達障害になっている人が多いというのには、時代的・心理学的な背景が考えられる。

たとえば車の運転を考えると、起こした事故に対して個人で主体的に責任を負うのではなくて、それはシステムとしての保険でカバーされている（カラブレイジ）。さらに自動運転が実現すると、個人の責任や主体性の範囲は非常に狭くなる。このようにグローバル化され、高度に組織化された世界においては、システムによるコントロールがなされていて、個人の責任や主体性の意味は弱くなっているのである。

## 主体の発生と中世の物語

個人の主体性がポストモダンにおいて再び曖昧になると、むしろ主体性が曖昧であった近代以前の世界観が参考になる。日本の中世の説話を読むと、他人の夢によって自分の運命が変わったりするように自他の区別が曖昧で、また現実と夢、この世とあの世の区別も明瞭でなく、ましてや個人の主体性など問題にならなかったことがわかる（河合隼雄『日本人の心を解く』）。たとえば、『宇治拾遺物語』には、観音様が来るという夢を他の人が見たのに、その夢に従って出家する武士の話が収録されている。

発達障害については、心理療法が有効ではなく、教育や訓練で支援することが正しい方法であるというのが現在における一般的な理解である。しかし主体性の弱い発達障害の人に、対処する方法を教育や訓練しようとすると、ますます主体性が生まれてこない懸念がある。主体性が生まれ、強まらない限り、根本的な変化は望めないのではないだろうか。

それでは、どのようにして主体性の弱まった世界、あるいは主体性の欠如した世界において、主体性が立ち上がることが可能なのであろうか。一つは分離の作用が大きい。発達障害の子どものプレイセラピーにおいて、たとえばセラピーのセッションの間だけは母親から分離することによって、母親との分離不安が生じてきて、逆説的に母親との関係が生じてくる場合がある。

また何もないかのようなところから主体が「発生」してくることがある。これについても中世の物語が参考になる。「わらしべ長者」の物語は、主人公が転んでたまたま手にしたわらを次々に別のものに交換していくというように、全く受動的であった主人公が、ある時に主体的で意志的に立ち上がるという話なのである（河合隼雄、前掲書）。主体のなさと、そこから忽然と主体が立ち上がるというあり方は、ポストモダン的であり、こころの古層にも通じるといえよう。

最後に、発達障害のセラピーにおいて、主体が見事に発生する例を紹介したい。他書でも紹介したことがあるが、これはセラピストである大久保もえこがプレイセラピーを行った、三歳六ヶ月のことばの遅れと自閉傾向を示していた男児である（河合俊雄編著『ユング派心理療法』）。初回のプレイセラピーで、セラピストは子どもと床をはいずりまわったりして、分離のない、高さのない世界が展開される。そして男児はそのセッションの最後の方で、ボーリングのピンを横にして一列につなぐ。これは発達障害の子どもがよくミニカーの行列をつくるような、規則正しすぎる固い世界にも似ていて、また高さと分離のない世界を示していると考えられる。ところが子どもはその後やおらピンを離して立て、それによって分離と高さが成立する（図１）。その後のセッションでのプレイセラピーは順調に進み、ことばがはっきりしてくるようになる。このような劇的なことが初回に生じるのはまれかもしれないが、これは分離と発生という主体が生じるための両方の契機をイメージ的に見事に示してくれているのである。

**図１　ピンを寝かせて並べたもの（上）と、後から立てた写真（下）**

出所：『ユング派心理療法』より

## 2　現代における発達の非定型化

### 発達障害の増加？

二〇〇〇年以降、発達障害と診断されたり、発達障害ではないかと本人や周囲の人が思ったりして、心理療法を受けにくる人が増えていることは、前節で指摘した。これは専門家の実感だけではなくて、疫学的な研究でも明確な増加が認められるようである（Croen et al., 2002; Johnny & Alison, 2011; Kim et al., 2011）。

ところが、脳中枢神経系に問題があるとされている発達障害が急激に増えることには、疑問を抱かざるをえない。ある症状が流行すると、本人も周囲の人々もまた専門家も、その症状に注目しやすいので、その診断を受ける人が増えてしまうのは、一般によくある現象である。正確な診断ではないが、アダルトチルドレンという見立てを自ら名のる人が心理療法を訪れることが一時多くあったのは、このような現象の一つの例である。さらには、ここ何年かは、新しく申し込まれる相談や、事例検討会で取り上げられる事例においても、発達障害的な症状や問題は示してはいても、それの中核群と考えられる人は減ってきているように思われる。

私の勤める京都大学こころの未来研究センターには、発達障害へのプレイセラピーの研究プロジェクトがあって、関係機関から紹介されたり、ホームページを見て保護者が申し込んできたりしたのを受けて、子どもにプレイセラピーを実施している。それらの子どもたちは、専門機関で何らかの発達障害の診断や見立てを受けていることが大半なのであるが、発達検査やセラピーを行ってみると、本当に発達障害と考えられる子どもはそのうちの二〇～三〇％にしか過ぎない。たとえば保育園や家庭での様子を聞いていると、衝動のコントロールのできなさやこだわり行動などの明らかに発達障害に特有な行動を示すように思われる。けれども実際に一対一でプレイセラピーを行ってみると、ある程度の主体性をもち、セラピストとも関係をつくれ、きちんと制限を守れる子どもが意外と多いのである。

## 発達の非定型化

それではそのような子どもたちの示す多動や対人関係でのトラブルなどの問題行動が、発達障害によるのでないとすると、それが何らかの心理的な要因によると考えられるかというとそうでもない。親子関係などの環境因や、本人の心理的要因によって問題が生まれているというよりは、何らかの発達の偏りが認められる場合が多いのである。

たとえば、何人かの子どもでみられたのは、自分自身を外から見たり、また遊びや人との関わりに入っていかずに、その外にとどまったりするあり方である。これは自分を外の視点から見る自己意識に関わっていると思われる。通常の発達においては、幼い頃には対象や出来事に距離なく没入しているのが、一〇歳くらいになってそれを外から離れて見る自己意識が生まれてくる。ところがあたかも対象に密着していた最初のあり方を飛び越したように、対象や自分を外から眺めるあり方

**図2　大学生の風景構成法**

風景にならず、各アイテムがアイコンのように並んでいる。

があまりに早くに、あるいは以前の発達段階より先に成立してしまっているようなのである。

これに対して全く逆に、いつまでも対象に埋没してしまっていて、そこから分離して、自分を外から眺める意識をもつことがなかなか成立してこない子どももいる。中井久夫の考案した、川、山などのアイテムを順番に描いていって風景となるようにする風景構成法（図2）という描画テストにおいて、外から見る視点の成立が遅くなったり、そもそも遠近法的視点が成立してこなかったりする人が増えているという研究結果も報告されている。親子関係に関しても、分離した意識が生まれにくくなっているように思われる。

このようなことから、現代において発達障害という診断や見立てがなされているものには、むしろ「発達の非定型化」ともいうべきものが生じているのではないかと考えられる（河合俊雄・田中康裕編『発達の非定型化と心理療法』）。つまり必ずしも発達障害でなくても、通常の発達段階と考えられるものの発現が遅かったり、それどころか全く生じなかったり、逆に早く生じたり、順序が逆転しているものが多く見受けられるようになっているのである。

## 社会構造の緩みと発達の非定型化

このような発達の非定型化が生じているのは、親子関係をはじめとして、社会構造の緩みと揺らぎが関係していると思われる。つまりある年齢やある場において期待されることやなすべきことへの社会的なコンセンサスやコントロールが緩んできていて、そのために個人の自由度が増してきているのが、発達の非定型化に関係していると考えられるのである。たとえば何歳になると親と一緒に寝るのをやめるか、親が子どもの行動に付き添うのをいつやめるかについては、近年年齢が高くなってきている。また登校をしぶる子どもについても、学校には行かないといけないという原理が絶対的でなくなってきて、別室登校、フリースクールなど、様々なバイパスが存在している。

あるいは人間関係、性的関係においても、チャムシップ（前青年期の同性同年代の親友関係）的な同性の親密さをまず経て、後に異性愛に進むという通常の発達が当たり前でなくなったりして、いわゆる性的マイノリティが受け入れられつつあったりする。現代の社会は、一方では非常にシステム化や画一化が進むとともに、他方でこれまで当然とされてきた構造が緩んでいて、ある種の二極化が進んでいるようである。

社会的規範が強いと、人々の生き方はある程度決まっていて、それに従っている限りは楽であるけれども、個人の自由が犠牲となり、また個人において社会的規範と自分の希望との間の大きな葛藤を生むことがある。それに対して社会の構造が緩むと、個人の自由は尊重されやすいが、定型から逸脱していく人が増え、しかも必然性がなくてもなんとなく逸脱する人も出てくる。また自由で選択肢が多いと、自分でその中から何かを選ばないといけなくなり、主体性の問題がいわばあぶり出されてしまう。そのために現代における社会的な状況によって、発達障害的な特徴が目立ってしまっている場合が多くあると考えられる。

## 発達の非定型化と心理療法

したがってたとえ狭義の発達障害ではなくて、発達の非定型化が生じている場合においても主体性が問題になっているケースが多いと思われる。その意味で発達の非定型化の心理療法においても主体性がテーマとなり、どのように主体性を作り出していくかという発達障害への心理療法的アプローチの仕方が参考になることが多いのである。特に親子をはじめとして、対人的な密着が問題になるときには、分離が重要となる。

このような発達の非定型化は、主体性をめぐる問題がまた新たな局面を迎えていることを示していると考えられる。そして中世において、『とりかへばや』のような、女性的な男児と男性的な女児の姉弟が、互いに逆の性として育てられ、活躍する文学が存在していたことからすると（河合隼雄『日本人の心を解く』）、非定型化の歴史も意外と長いのかもしれないのである。ポストモダンの時代において、中世の話は参考になることが多いように思われる。

## 3　箱庭療法と内面化

### イメージによる心理療法とこころの古層

心理療法は、すでに少しふれたように、自分で自分の内面を見つめるという近代意識を前提として一九世紀末に成立してきたものである。けれども、エレンベルガーが『無意識の発見』の中で、無意識を前提とする心理療法の祖先を前近代の癒しの技法に探ったように、心理療法はこころの古層につながるものでもある。特にユング派の心理療法においては夢や箱庭などのイメージが重視されることもあって、その傾向が強い。心理療法とこころの古層のつながりを様々な観点から検討してみたいが、この節では箱庭療法を取り上げたい。

### 箱庭療法とは

箱庭療法とは、内側を青く塗った浅い木箱に砂を入れたものに、ミニチュアを用いて風景や一つの世界をつくっていく心理療法の技法である（図３）。砂を掘って青い底を見せると、海や川も表現できる。ユングの影響を強く受けて、ドラ・カルフによってはじめられた。

力動的な心理療法は、基本的にこころや内面を表現し、それを深めていくことによって治療を進めていこうとする。しかし内面とは目に見えない、何かわからないものなので、心理療法の様々な学派はそれを何かの形で表現しようとする（河合俊雄『心理臨床の理論』）。悩みや気持ちをことばにするというのはそれの一番わかりやすい表現の仕方であるが、それに対してユング派の心理療法では、絵や夢、さらには遊びなどのイメージで表現することが重視される。イメージは子どもなどの言語表現が苦手な人に合っているし、また意識的にコントロールされたのではないものが表現されるという利点がある。箱庭も、クライエントの内面をイメージで表現したものといえよう。

図3　箱庭療法

また箱庭は、一度だけの表現としてももちろん意味があるけれども、多くの場合はセラピーの経過とともに何回か置かれ、シリーズをなしていく。するとあるテーマが表現されて変化していくのが視覚的によくわかる。たとえば混乱していた箱庭に秩序ができてきたり、逆に最初は全ての動物がいくつかの柵に囲まれていた制限の強い世界が、柵が開いたり、撤去されたりして緩んでいったりする。発達障害における分離の問題を指摘したが、隙間なくミニチュアで埋め尽くされていた箱庭に、隙間と分離ができてきたりする。また治療契機として主体の発生を取り上げたが、高さのなかった箱庭に、塔などが置かれ、高さが出てきて、立ち上がる主体を象徴することもある。

## 箱庭療法と日本

この技法をスイスで分析家になる訓練中に知った河合隼雄（一九六九）が、日本人に合っていると直観したように、箱庭は一九六〇年代後半から日本において導入されると、爆発的に受け入れられた。ユング派の心理療法は夢を扱うことを中心にしているが、日本では箱庭療法として導入され、広まったといっても過言ではない。現在においてもその傾向は変わらず、たとえば日本ユング心理学会の会員が六百人くらいなのに対して、日本箱庭療法学会の会員数が二千人を超えているところにもそれが現れている。それでは箱庭療法は、なぜ日本人に合っているのかを少し考えてみたい。

## 箱庭療法と自然・ものの魂

箱庭をつくっていると、もちろん最初はつくる人が対象としての砂箱の中に何かをつくっている。しかしつくり進んでいくうちに、箱庭の方が自律性を帯びはじめ、どうしても砂を掘らなければならなくなったり、あるミニチュアではなくて別のものを置かねばならなくなったりする。つまりこれは作り手が主体となって対象をつくっているのではなくて、うまくいく場合には、様々なアイテムや箱庭の方がある意味で自律的な主体になってしまっている。これはものに魂があり、自然が霊に満ちているとみなすこころの古層が動き出して、箱庭をつくっているると考えられるのである。だからこそ作り手の意識を超えるこころの動きが生じてきて、それが表現されることによって治療的にもなりうる。

その意味で、箱庭は私の内面の投影であり、表現であるとみなすのは、非常に人間主体を中心にした西洋的な見方で、箱庭療法の実際に合っていないかもしれない。近年のユング心理学は東ヨーロッパ、東アジア、ラテンアメリカなどで勢いがあり、それらの国々では箱庭療法が盛んである。それにはそれらの国々で自然に魂の存在を認めるようなこころの古層が残っていることが大きな要因であると考えられる。箱庭は私の内面ではなく、私を包む自然としての魂なのである。

しかし他の国々の箱庭、それどころか文化が近いはずの隣国の中国や韓国のものと比較しても、日本の箱庭作品とそれへのアプローチの仕方には特徴があると思われる。たとえば日本の箱庭では、とても木が多く用いられることがある。その意味では自然が大切であるともいえるけれども、それらの木々はあくまでもミニチュアであって、本物の木ではない。箱庭は私を包む自然としての魂であると書いたが、それが自然であって自然でないところにポイントがあるように思われる。

**箱庭と日本における内面化**

「砂遊び療法」(Sandspieltherapie, sandplay therapy) という原語にわざわざ「箱庭」という日本の伝統に根ざす訳語を当てたところに、日本の箱庭療法の特徴が示されているように思われる。つまりここには、日本における自然との関わり方、自然の独特の内面化が示唆されているのである。中世の日本では、庭園、生花、盆栽などの芸術が生まれてきた。それらは自然に人間が働きかけて、独特の文化を創るものであり、西洋での自然との関わり方において、自然を支配し、加工する科学が中心になったのとは大きな違いがある。

自然科学は、自然を否定し、そこから全く異なるものを生み出す。自然を対象化して科学的、工業的な変化を加えると同時に、それに相対する人間主体やその内面がクローズアップされる。それに対して、日本の自然に関する様々な芸術では、自然に手が加えられるけれども、自然は完全に否定されず、ある程度その形を残す。その際に、ある種のミニチュア化という手法が用いられるのが特徴的である。つまり盆栽においても、木を小さくすることによって鉢に入れたり、操作したりすることが可能になる。庭園も同じであるが、ミニチュア化することによって美的に表現する（河合俊雄「世界のなかの日本の箱庭療法」）。

自然を完全に否定したり、内面化したりするのではなくて、ミニチュア化として形を残しつつある器に入れるという、マイルドに内面化するところに、日本人の自然との関わり方の特徴があり、それが箱庭療法という技法にマッチしていると思われる。箱庭療法で置かれる木は、自分の内面の表現ではないけれども、それはまた木のミニチュアであって、本物の木ではない。

箱庭がこころの内面の表現であると、それには主観的な意味が込められており、象徴として理解しやすい。なぜならば、制作者と対象としての箱庭が区別され、したがって箱庭とそれに込められた意味との間にクリアな区別があるからである。それに対して箱庭があくまで自然であると、象徴というアプローチがむずかしくなる。制作者と対象もはっきりと分離されていないし、箱庭の意味もクリアでない。しかしその曖昧さが美しさを醸しだし、また西洋で確立された心理学とは異なる治癒力を生み出すのである。

## 4　心理療法と占い

### 現代と占い

心理療法を営んでいると、相談に来ているクライエントから占いに行った報告を受けることが意外と多いことに気づかされる。なかには特定の占い師にいつも相談する人も何人かいて、何か重要なことを決めねばならなくなると訪ねていく。私としては、商売敵のように思えることもなくもない。

人の性格や運命を、遺伝や養育環境などから因果的に考えていくのが科学的で近代的な方法であるとすると、生年月日や、その時にたまたま引いたくじや、立てた易で性格や運勢が決まると信じるのは、非常に非合理的で前近代的な発想であるといえよう。しかし歴史を紐解いてみると、古代においては、政治的に重要な決定も占いやお告げによってなされていたことがわかる。それはもはや近代において有効なものではないであろう。しかしお正月に必ずおみくじを引いたり、雑誌やサイトの星占いを読んだりするという人は意外と多いのではなかろうか。また「動物占い」など、様々なかたちでの占いがその時々に流行して話題になることもある。その意味で、占いをしてもらったり、それを信じたりするというのもわれわれに残っているこころの古層の現れの一つであるといえよう。

心理療法と占いを比べてみると、そこには興味深い共通点が見られる。どちらも、何らかの問題や課題をもった人が、解決を求めているのが通常である。その方法は、ある程度の因果性に基づく近代の科学的な心理療法と、ある意味で非科学的に見える易や占星術などでは大きく異なるように思えるかもしれない。しかしユング派の心理療法のような、夢や箱庭などを用いる技法と比べてみるとどうであろうか。夢や箱庭を理解していくのと、立てた易やホロスコープ（占星術における天体の配置図）を読み取るのとでは、意外と共通するところがある。夢であれホロスコープであれ、いずれにしろ何らかのイメージから兆候を読み取り、それとこころの状態や動きとの対応を見ようとするわけなのである。

### ユングの共時性とコンステレーション

ユングは、易や占星術を著作の中でしばしば取り上げて、そこに本質的なものを認めていた。それは易にしてもホロスコープにしても、宇宙についての一つのイメージの表現であり、そこに象徴的な意味が認められること、さらにはその表現とこころの状態や実際の世界で生じてくる出来事との間に対応関係が認められることが大切だと考えていたからである。

星座や惑星についての象徴的な意味については、たとえば金星がその名前からしてアフロディーテ（ヴィーナス）と関係しているなど、歴史的・神話的な背景をもっていて、理解しやすいことであろう。それに対してこころの状態や現実との対応関係については、やや怪しく思われるかもしれない。しかしユングは、自分の臨床経験から、こころの状態と現実との間の対応関係を認めて、それを「コンステレーション」や物理学者のヴォルフガング・パウリと一緒に作り出した「共時性」という概念で捉えようとした。つまり夢などの内的な体験と外的な現実との間には、因果的なつながりはなくても、非因果的関係があって、それを「共時性」として定式化したのである。「コンステレーション」とは、元々星座を意味していて、それも占星術とのつながりとして興味深いが、様々な出来事がさながら星座のようにつながって関連しているように見えることである。

### 河合隼雄の易の例

ユングは自分が経験した様々な共時性やコンステレーションの例を記述しているが、ここでは河合隼雄の例を取り上げたい。自分でも述べているように、河合隼雄は意味のある偶然が非常によく生じた人で、京都大学での最終講義（『こころの最終講義』）でも「コンステレーション」を題に選んでいるくらいである。チューリッヒでの分析家の訓練も後半に入って、河合隼雄は五人のクライエントをもつことになるが、それがある時に次々と四人がやめてしまう。困惑して何かの手がかりを得ようとして易を立ててみると、一番下が陽で、他は陰の「地雷復《ちらいふく》」が出て、河合隼雄は自分の男性性（陽）の欠如に思い至り、ショックを受ける。落ち込んで分析家のフレイ先生の所に行くと、励ますためか、分析家はもう一度易を立てることを主張して、行ってみると全く同じ結果が出る。

河合隼雄はこの結果を重く受けとめて、残り一人のクライエントにも二ヶ月のお休みをお願いして、自分の分析に集中する。すると自分の中で大きな変化が起こり、待っていた一人だけでなくて、やめた二人のクライエントも戻ってきたのである（河合隼雄『宗教と科学の接点』）。

二度とも同じ易が立てられて、それが男性性の欠如というこころの課題と対応していたこと、河合隼雄個人のこころの中の変化が、クライエントの変化につながったことも興味深い。それも易における「地雷復」のイメージにぴったりだったのである。

## 占いの方法
### ――限定とカイロス

イメージとこころや現実とのつながりを見ることだけではなくて、心理療法も占いも、何かに限定することを方法としているのも共通している。もしも「共時性」という考え方が正しく、また仏教の捉え方のように、全てが「縁」でつながっているのならば、森羅万象から自由に兆候を読み取ればよいはずである。しかし心理療法が時間と場所を限り、イメージの表現としても箱庭や夢に限るのと同じように、占いも易や星の運行などに兆候を読み取る対象を限るのである。

クライエントが占い師に言われたことを聞いているとなかなかおもしろい。何を根拠に言われたのかは、それぞれの占いの方法に関する知識が不足していて正確にはわからなくても、その結果については当たっていると思うことも多く、非常に適切なアドヴァイスを受けている場合もある。われわれは心理療法の専門家の間で事例発表をして、お互いに検討を行うことで研鑽を積むが、時には外部のコメンテーターを招いて新しい視点を得ようとする。しかしいくら高名な先生であっても、事例へのコメントによって、その実力がないことが白日の下にさらされることも残念ながらしばしばある。その意味でいくと、心理療法で報告される占い師の中には、その発言を吟味してみると、こちらを納得させる優秀な「同業者」がいるように思う。

これにはタイミングというのが重要になっていると考えられる。つまり追い込まれ、緊迫した状況になっているからこそ、占いも意味をもつのである。これについて、ユング心理学は通常の時間であるクロノスに対する「カイロス」という時間を区別して用いる。つまりある時が熟するタイミングがカイロスなのである。しかし逆に追い込まれているからこそ、占いに頼ろうとし、占いを文字通りに受けとったり、とんでもない勘違いをしたりする場合も出てくる。心理療法家の立場からすると、占いも一つの夢のように捉える。全てはそれの受け取り方によるのである。

## 5　心理療法と巡礼

### 内面と旅

心理療法を受けるクライエントは、何らかの悩みや問題を抱えている。もちろんそれを本人がどの程度自覚しているかは様々であって、すぐに自分の苦しさを訴えたり、背景となっている問題に踏み込もうとしたりする人もいれば、他人の話ばかりをしたり、あたかも何の問題も感じていない、あるいは問題が存在しないかのように振る舞ったりする人もいる。自分とは関係のない話、あるいは自分のことであっても、問題とはおよそ関係のなさそうな話をする人もいる。

その中に、旅をしたことや、どこかの場所を訪れたことを話してくれる人がいる。私が京都で仕事をしているせいか、近くのお寺や神社のことも多いが、遠方の地にある作家の記念館のことも、名勝の地のこともある。あるいは海外の場合もある。

このような旅の話は、オーソドックスな心理療法からすると、治療に関係のない雑談であり、それどころか治療に対する「抵抗」とみなされるかもしれない。特に精神分析からすると、本来は自分の悩んでいることや、それの原因と考えられる親とのこれまでの関係などを語らないといけないのに、それが辛いので意識的か無意識的かわからないが肝心の話を避けて、たわいもない旅の話をしているというわけなのである。そもそも近代の心理療法において、「内面」と「外面」の区別は大切である。自分の内面で葛藤を抱え、言語的に表現しないといけないのに、抱えきれずに自傷や暴力などの直接的行為に走ることは「アクティング・アウト」(行動化)と呼ばれる。旅に出てしまうことも、本来はこころの中の内面の旅をして、自分のこころの中のことをセラピーで語らないといけないところを、実際の旅としてアクティング・アウトしてしまっていると考えられるかもしれないのである。

## 心理療法と巡礼

ところが、そのようにしてどこかを訪れたり、旅に出たりしたことが、単なる雑談には思えず、心理療法において非常に重要な意味をもったり、転機となったりすることが多いのに気づかされてきた。もちろん旅のタイミングというのが大切なのであるが、なかには、訪れた場所の変化がまさにこころの変容を示していたり、その場所が非常に象徴的な意味をもったりする。たとえばある事例報告会で、長い治療プロセスではあまり意味のあることは生じていなかったのに、最後の方である南の島を訪れることがあって、それが大きな治療的転機になっている事例を聴いたこともあった。従来の心理療法の理論からすると理解できる範疇におさまらないことであるが、これはいったいどのように考えればよいのであろうか。

中沢新一によると、宗教の方法としては、瞑想、祈り、巡礼の三つがあるという。伝統的なキリスト教やイスラム教においては、祈りが大切な要素であろう。それに対してこころのスピリチュアルな側面に開かれているユング心理学は、その中で瞑想を重視していることがわかる。ユングが『赤の書』で用いた、イマジネーションの中の相手と対話したり、関わったりするというアクティヴ・イマジネーションという技法は、まさに瞑想である。また眠っている間に生じた夢を扱うことも広い意味で瞑想に入ってくる。しかし瞑想に加えて、日本におけるユング派心理療法では、巡礼という要素も重要であると考えられるのではなかろうか。もちろん心理療法家のところを定期的に訪れることも巡礼の意味をもつけれども、ここで焦点を当てたい巡礼は、相談室やオフィスを超えて、もう少し実際の巡礼に関係していると。

日本に河合隼雄によってユング派心理療法が一九六〇年代に導入された際に、一般的にユング派の主要な技法である夢分析ではなくて、すでにふれた「箱庭療法」が中心となった。それは夢のように完全に内面化され、目には見えないこころを扱うのではなくて、外に目に見え、手で触れることのできる表現を大切にしようということであった。またそれは、山川草木に魂が宿っていることを感じる日本人の心性に非常に合っているものであった。それに対して「巡礼」では、箱庭よりさらに実際の自然が大切になり、またあくまでミニチュアの自然を扱う箱庭とは違って、実際に外の自然に出ていくことになる。そして、その際訪れる場所が大切になる。

## 場所の力に包まれる

外の自然に出ていくということは、裏を返せば自然に包まれていることにほかならない。巡礼においては、未知の目標となる地を目指すというよりは、むしろ自然に包まれることが大切なのではなかろうか。そして西洋の箱庭療法が、箱庭作品を対象化し、自分の内面の表現として捉えるのに対して、日本の箱庭療法においては、巡礼と同じように、自然に包まれ、自分がいわばその中に入ることが大事なのかもしれない。

心理療法においては、あくまで主観的体験が眼目である。たとえばロールシャッハ・テストにおいても、左右対称なインクのシミがどのように主観的に見えるかがポイントになる。妄想や症状も、いちおう主観的体験であって、それが極端な形になって、いわゆる客観的現実から遊離しているだけに過ぎない。だから巡礼において訪れるお寺にしろ神社にしろ、それ自体がもつ意味ではなくて、それをどのようにクライエントが主観的に感じるかが心理療法にとっては重要であることになる。時には主観的体験は、それの歴史的、宗教的意味と全く異なるかもしれない。

それに対して本来の巡礼においては、その聖地が実際にもっているパワーや神秘が重要である。それは主観的なものだけでは汲み尽くせない。近年においてパワースポットブームが生じたり、聖地を訪れることが流行したりしているのは、場所のもつ力というのが見直されているのかもしれない。われわれのこころの古層には、場所のもつパワーを感じる能力がまだ生きているのであって、歴史的に伝わってきた聖地というのは依然として重要なのであろう。宗教学者の鎌田東二さんと共著で『京都「癒しの道」案内』という書を著したのは、そのような現代においても伝わる聖地のもつ癒しの力を伝えたかったからである。

したがって心理療法を受けている過程で、クライエントがある種の巡礼を行うことは、主観的で個人的なこころを超えて、こころの古層とつながり、そこから力を得ていくための非常に重要な営みであることが多い。またそれについて心理療法のセッションの中で語ることは、外で体験したことを再び内面化し、自分のものにしようとする動きであるといえよう。

## 場所の力と心理療法

心理療法の興味深いところは、場所の力に直接は届かず、巡礼が空回りになったときでさえこころの変化、それどころか体の変化につながることである。山森路子の報告しているアトピー性皮膚炎の男性の事例では、アジアのある国への旅行をクライエントが度々行って、セッションでそのことを報告する。主治医はそれを単なる逃避行と否定的にみなしていたが、セラピストはそれを、日常を超えていくという超越を求めての動きではないかと考え、興味をもって耳を傾ける。まさにこれは巡礼の一つといえよう。またアトピー性皮膚炎が皮膚という境界に関わっていることからして、境界を超える試みは心理学的に意味があるかもしれない。ところが、そこに旅行に行っても国境を越えられなかったり、秘境を見ようとしても、どこまで行っても開発が進んでいたりというような体験を通じて、クライエントは、巡礼の目的地を達することはできないということを実感するようになる。それに伴って、アトピーがよくなっていくのである。

これは直接に場所の力の恩恵を受けるのではなくて、逆に巡礼の目的地に達することができないということをはっきりと認識することによって、その否定を通してむしろ自分の中の巡礼の地との関係ができ、心理的な改善に至った例である。伝統的な癒しや宗教とは異なる、心理療法の直接性でない特徴をよく示しているといえよう。

# 第2章　現代の症状とこころの古層

## 1　憑依と解離性障害

発達障害より少し前に爆発的に流行して、発達障害と同じように、症状の現代性と同時にそのこころの古層との関係が興味深いものに、解離性障害がある。それには現実感のなくなる離人症、一時期や全ての記憶が失われる解離性健忘、自分の中に別の人格（多重人格）が存在して出現する解離性同一性障害などの様々な形のものが含まれ、ICD-10（国際疾病分類第一〇版）による分類では、ヒステリー（転換性障害）もその中に含まれている。

### 解離性障害

一八九九年にクレペリンによって近代精神医学による診断分類が確立され、ほぼ同時期にフロイトによる精神分析がはじまって、近代の精神医学と心理療法の枠組みがその頃に決まったといえる。

しかしこれまでにも指摘してきたが、それ以来こころの問題の現れ方は大きく変化してきている。

フロイトはいわゆるヒステリーの治療から出発した。たとえば彼の有名な患者であるアンナ・Oは、多彩な症状を呈したが、その中にコップから水が飲めないというものがあった。その症状が生じたのは、嫌いな婦人が犬にコップから水を飲ませたのを見て、自分が嫌悪感を感じたのに、その記憶と感情が抑圧されて健忘されていたためであることが治療の中で明らかになる。つまり抑圧された嫌悪感が無意識に存在して、コップから水が飲めないという症状を作り出していたのである。

フロイトは、ヒステリー症状を抑圧というメカニズムで理解している。つまり無意識にあるものは、意識によって抑圧されているために、症状という歪んだ形で浮かび上がってくることになる。このモデルでは意識によるコントロールをしようという意図と、そのために生まれてくる葛藤が重視されている。

しかし同じことは、解離として考えられるのではないだろうか。つまり先の例だと、嫌な記憶と感情が意識から切り離されて解離されているために、身体が反応して症状を作り出していることになる。実際のところICD-10によると、ヒステリーは解離性障害に含まれることになっているので、抑圧でなくて解離としても捉えられる。

これに対してユングは、最初から解離という視点を強くもっていたと思われ、一九〇二年に提出されたユングの博士論文は霊媒による憑依現象を実験的に扱ったものである。また「自我も多くのコンプレックスのなかの一つである」（全集６巻）というように、自我も多くのコンプレックスと対等に並んでいて、その一つと入れ替わることが可能になり、ユングの理論においては解離の見方が強い。たとえば父親コンプレックスが強い人が、権威的な人に対してふだんの柔和な人格からは考えられないような激しい反発を示して、時には自分でも後から振り返って理解できないような場合には、自我ではなくて、父親コンプレックスが自我に入れ替わって反応していると考えた方がわかりやすいのである。フロイトとユングが心理療法をはじめた時期には解離現象が頻繁に見られたと考えられ、二人の理論はそれを異なる形で反映したものである。

## 憑依現象

ユングが霊媒に着目したように、この解離性障害は歴史的には憑依と考えられていた。つまり、狐、死者の霊、神などが人に憑くのである。たとえばエレンベルガーの古典的な名著『無意識の発見』には、日本において十七歳の女子に起こった狐憑きの事例が報告されている。取り憑いた狐は、女性の口を借りて食事をお寺（稲荷？）に捧げることを要求し、それが満たされると去って行き、憑依は解ける。また鎌倉時代前期の僧、明恵上人《みょうえ》がインド行きを計画していたときに、明恵の親類の女性が憑依状態になり、自らを春日大明神と名のって、明恵のインド行きを阻止しようとした記録が残っている。このように前近代の世界においては、何ものかが憑依するという状態は頻繁に生じたと考えられ、一九世紀末から二〇世紀はじめにヒステリーや解離が取り上げられたことは、この消滅していこうとする前近代的な現象の最後の姿が捉えられていたのかもしれない。

というのもその後、このような憑依やヒステリーの現象はほぼ消滅してしまい、私が学部や大学院で心理療法を学んでいた一九八〇年前後には、このような症状に出会うことはもはやほぼなくなっていた。たとえあるとしても、前近代的な心性や社会が残っている地方や、あるいは地方からの出身者で時々見られる程度であって、このように古くて子ども騙しのような症状が未だに残っているることもあるのだという印象を受けたものである。つまり閉じられた人格の一貫性と連続性に基づく近代意識からすると、憑依や解離というのはありえないものだからである。

## 解離性障害の復活

ところが驚くべきことに解離性障害は一九九〇年代に世界中、ことに北米で二重人格や多重人格の症例が頻繁に報告されて、いわば復活して流行し、わが国でも多く見られるようになった。過食したり、万引きしたりしたことを覚えていなくて、食べた後のパッケージや買った覚えのないものを見つけて驚く。子どもの人格が出てきて異常に依存的になったり、退行したりするが、そのことを本人は覚えていない。それどころか全く別の性の人格になったりするなど、様々な形での解離性障害が見られるようになった。これは憑依という衰退したと思われていたあり方が、こころの古層から再び現代に出てきたと考えられるのであろうか。

しかし前近代の世界における憑依と、現代の解離性障害は一見すると似た現象であるけれども、その背景は全く異なっていると思われる。前近代の世界における憑依は、狐や春日大明神などが、個人の外から侵入して憑依してきていた。それは、こころが個人を超えて広がり、共同体や自然だけでなくて、死者やあの世にまでつながっているというオープンシステムにおいて可能なことである。だから明恵の例のように、春日大明神の憑依現象を共同体で受け入れる理解と受け皿があった。またエレンベルガーが紹介している狐憑きの事例でも、病床にいる女性を親類が取り囲み、狐への食事もその中の誰かが運んでくれている。

それに対して、そもそもフロイトが解離現象を捉えたときの発想が、個人の中で閉じられたクローズドシステムとしてのこころの理解に基づいている。個人の中でこころが閉じられていると考えるからこそ、異物は外から入ってきたものとしてではなくて、自分のこころの中にある異物や排除されたものとして「無意識」と名づけられる。「私」の意識的な意志を妨害し、コップの水を飲むのを妨げているものは、霊や動物ではなくて、自分の中の無意識のこころの働きと考えられる。

だから近年に流行現象のように頻発した解離性障害は、決してこころの古層から出てきたものではない。人のこころが閉じたもので、しかも意識による中心性があるという前提で考えるからこそ、意識がコントロールできない要素がまとまりをもった一つの人格になると、自分の中の別人格や多重人格と呼ばれることになるのである。また憑依が共同体での共通理解によって担われていたのに対して、現代の解離性障害は、あくまで個人のこころの中での出来事で、共同体によって共有されていない。しかしセラピストが興味を示したり、別の人格を探したりするような反応によって、多重人格が引き出されたり、強められたりすることが確かめられているように、現代でも治療関係の中だけとはいえ、共有の現象が認められるのである。

## 2　解離と現代性

### 解離以前のアンビヴァレンス

意識の統合性の高まりで消えてしまったように思われた憑依現象や解離現象が一九九〇年代に多発するようになり、そしてまた下火になってしまったのは非常に興味深い。なぜそのような現象が生じたかを検討してみたいが、その答えを先取りしておくと、それは個人のこころの統合性、クローズドシステムなどの特徴をもつ近代的主体の、揺らぎと解体の進行の程度によると思われるのである。

すでに前章でふれたように、一九九〇年代に解離性障害がいわば再登場してくる前に、一九八〇年代、あるいはもう少し以前から、「境界例」が増えていった。これには統合失調症と神経症の境界という意味も含まれているように、通常の常識を越えた激しい病理が現れ、特に強烈な自己主張と他者批判、二者関係への執着を特徴としている。たとえば心理療法においても、週一回に一時間の面接ではもたないから、複数回の面接を希望し、時間を延長するように強いて、頻繁に電話をかけてくることになる。しかも一度セラピストが要求を受け入れると、そこで折り合いがついて収まるのではなくて、ますます要求がエスカレートしていき、譲歩したのが全くむだになってしまう。勢いセラピストが制限を加えようとすると、一方的に非難される。当時、多くの心理療法家はその対応に苦慮し、疲弊したものである。

その境界例の人の特徴に、アンビヴァレンス（両価性）と呼ばれる、相反する感情や態度を抱くことがある。つまりたとえばセラピストに対して、非常に尊敬し頼りになる存在として接すると同時に、いつ見捨てるかもしれないいい加減なものとか、全然無能で頼りにならないものともみなすのである。だからセッションの途中でも、セラピストのことを非常に頼りにして賞賛していたかと思うと、急に罵倒するように転じたりもする。そのままセッションが終わってしまい、今回で治療関係も終わりかと思うと、また次の回に現れて、頼ってきたりする。

## 自己関係の喪失

境界例の人のパーソナリティーを検討してみると、近代主体の特徴とされる自己関係が欠けていることがわかる。自分で自分自身を考え、見つめるという自分と自分自身の関係は近代主体に本質的で、だからこそ自分を意識し過ぎたり、自分を責めたりして様々な心理的な症状を生み出すようにもなるし、また逆に自分自身のことを内省できるから心理療法も可能になる。

ところが境界例の場合には、相手や対象に向かっていった批判などが一方的なだけで、それが自分に戻ってきて反省されることがない。状態が悪いのを母親やセラピストのせいにしていたのに対して、自分にも責任の一端があるかもしれないとか、同じようなことを自分もしているかもしれないとかのような形で、振り返って自分を見つめ直すことはない。また自分や相手の存在の連続性や恒常性がなくなりつつある。相手への賞賛が瞬時に罵倒になってしまうのがその典型である。

これがさらに進むと、解離性障害になると思われる。つまり自分の人格の連続性は全くなくなり、ある状況のときの自分と別のときの自分は異なってしまい、その間の自己関係は存在しない。まだ境界例の場合は、母親、恋人、セラピストなど、自分が執着する対象があったと思われる。あるいは見方を変えれば、極端な二者関係へのこだわりは、個別の対象がなくなることへの抵抗としてすら理解できるのである。それが解離性障害になると、個々の対象の重要性はなくなってしまう。境界例が下火になりかけてきた頃に、以前の境界例の人たちとは異なって、怒りを向けていてもすぐに引いてしまったりする、対象へのこだわりの弱まりのようなものが感じられたものである。

## 解離と現代のこころ

なぜこのような症状が生じてきたり、またパーソナリティーのあり方が変わってきたりしたのかは、病理的な症状に限らず、われわれの意識のあり方がそもそも変化してきていることによると考えられる。たとえばインターネットの世界では、われわれはある対象から別の対象へ「ネットサーフィン」をして次々と流れていく。それぞれのところでの自分は全く異なるものでもよい。自分とは異なるハンドルネームをもっていたり、それどころか複数を使い分けたり、別の年齢や性別になることすら簡単である。野間俊一が述べているように、現代の人びとは「主体が不明瞭で……（中略）状況や場面に合わせて、人物像は容易に変転する」のである（野間俊一『身体の時間』）。

また近代主体の特徴に個人の「内面」ということがあり、それは近代における「日記」のあり方に典型的に見られた。しかし今や日記はブログ、フェイスブック、ツイッター、インスタグラムとして世界に向けて開かれている。それらはもはや個人の内面で閉じられてはいない。

これはこころがオープンシステムであった前近代の世界に似ているところがある。中世の研究家で、遊びについての名著『ホモ・ルーデンス』を残したホイジンガは、中世においては「人生におけるあらゆることがらが派手に残忍に公開された」と述べている（『中世の秋』）。まさに今のネット状況のようである。だからこそ一度はなくなったと思われた憑依現象のようなものが再び現れてきたと考えられる。しかし一見すると現象としては似ていても、前近代の世界においては憑依するものが霊、死者、動物などとして共同体で共通に理解されていたのとは異なって、そこに何の共有される意味もないところが現代における解離現象の特徴である。

## 解離現象の軽症化と衰退

それではなぜ解離現象は再び下火になってしまったのであろうか。まずはある種の解離現象の軽症化とも社会による受容ともいえて、様々な場面で異なる自分であるというのがかなり社会によって受け入れられ、病理化する必要がないことがあると思われる。ハンドルネームやアカウントを使い分けていても、それはもはや当たり前のことで、非難の対象にならないのである。友だちと会話しつつ、それどころか会議中に、自分の携帯端末に入ってきたメッセージを読んで返信するというのも、かなり普通になってしまった。人は自然に解離して生きている。

また近代主体の弱まりはさらに進んで、バラバラになりつつもまだ存在していた主体性が、そもそもその存在が認められなくなるまでになってしまうようになる。それが発達障害の増加という新しい症状の形に反映されている。たとえば、選べないという発達障害の人の問題から比べると、解離性障害では無意識的であり、たとえば多重人格のように矛盾するにせよ、少なくともある人格や行動を選ぶことができている。あるいは同時に二つのことをパラレルに選ぶことができている。

だから発達障害の人の状態がセラピーによって改善してきて、多少とも主体性をもちはじめると、解離的な症状を示したりもするのである。同じような意味で、境界例のようなこだわりやアンビヴァレンスを呈するようになる人もいるのである。社会全体の意識の変化による病理の変遷と、個々人での症状の変化の関係も、興味深いものである。

## 3　個人の解離と世界の解離

### 解離のポストモダン性と古層

前近代の憑依というあり方の復活とも見えなくもない解離性症状は、実は非常に現代的なものであることがわかった。しかしこれは近代意識によって抑えられていたこころの古層が、近代意識によるコントロールの弱まりによって再び姿を現したとも考えられる。解離の前近代性と現代性、あるいは表現を変えればポストモダン性の交錯するところをうまく描き出しているのが村上春樹の作品であると思われる。

たとえば『海辺のカフカ』において、バスに乗って高松まで家出をしてきた主人公のカフカ少年は、神社で自分が意識を失って血まみれになっているのに気づくが、同じ時に東京にいる彼の父親が何者かによって殺されている。解離をした人格が犯罪などを犯していても、主人格には意識されていなかったり、健忘されていたりということは現代の精神医学からして可能かもしれない。しかし、それが場所的に離れたところで同時に行われるのはありえない。

ところがそのような話は、『遠野物語拾遺』などを読むと、前近代の世界ではあまり違和感なく存在したことがわかる。たとえばある父親は峠で迷って、道に出ることができなかった。父親はいよいよ最後だと思い、上から順にわが子の名前を呼んでいった。それが一番かわいがっていた末子に及んだときに、家で熟睡していたその子は、自分の体の上に父親が足の方から上がってきて、胸のあたりを両手で強く押しつけて自分の名を呼んだように思って、驚いて目が覚めた（『拾遺一四五』）。カフカ少年が遠く離れた父親のところに現れたかもしれないように、ここでは家から遠く離れた山にいるはずの父親が、家で寝ている末っ子の体の上に現れてくるのである。

これはヨーロッパにおいても、前近代の世界においては同じだったと思われる。イーフー・トゥアンは、『個人空間の誕生』の中で、中世について「一人の人間が二つの場所に同時に存在することが可能だった」と述べている。

### 村上春樹の世界と解離

村上春樹の小説においては、突然に奇想天外のことが生じることが多い。それはたとえば『海辺のカフカ』におけるこの殺人もそうであるし、またジョニー・ウォーカーと呼ばれる謎の人物がさらってきた猫を奇妙な仕方で殺すシーンもそうである。しかしそれらが読者にとって、単にわけのわからない、異様なもので終わらないのは、それらが何らかの形でわれわれにおけるこころの古層に働きかけてくるからであると思われる。猫を殺すシーンも、残虐といえばそうであるけれども、ある種の儀式性が感じられるのである（河合俊雄『村上春樹の「物語」』）。ジョニー・ウォーカーは言う。「私が猫を殺すのは、その魂を集めるためだ。その集めた猫の魂を使ってとくべつな笛をつくるんだ」。

村上春樹の小説では、『海辺のカフカ』、『1Q84』、『世界の終りとハードボイルド・ワンダーランド』などのように、しばしば二つ、あるいは『1Q84』の後半のように三つのストーリーがパラレルに展開され、それらは交互に語られるので、一つのストーリーを追うとなると、別の物語が出てきた後の、次の章まで待たないといけない。つまり村上春樹の小説自体が二つの物語に解離していて、われわれにも解離的な意識をもって読むように求めているのである。

村上春樹初期の作品について、「デタッチメント」ということがいわれたように、そこでは多くのものがつながらない。しばしば離婚したり、恋人が去ってしまったりする主人公のように、人間関係においてそれは顕著であるし、また個人の中でもカフカ少年に見られるように解離してしまっている。人格の一貫性など感じられない。そのような解離は、世界についても認められるのである。

## 大きな連関と世界の解離

ユングは現代の問題として「大きな連関の喪失」（全集10巻）ということを指摘し、現代において、人間関係を中心としてつながりがむずかしくなっているのは、むしろこの世とあの世、現実と超越などの大きな連関が失われたからであるとしている。前近代の世界においては、たとえば村里離れた山がすでに異界であったり、あるいはお盆に祖先がこの世に還ってきたりして、そのような大きな連関のもとで人々は生きていたと思われる。親子のつながり、共同体の中でのつながりを、そのような大きな連関が包んでいたのである。その失われたつながりを、意識と無意識の間の関係、あるいは究極の結合として、イメージを通じて回復しようというのがユングの試みであったといえよう。

村上春樹の作品においても、個人の意識が解離し、人々がつながらないのは、世界が解離しているためであるというモチーフは強く感じられる。それはたとえば『1Q84』における二つの月と二つの世界、『スプートニクの恋人』において、すみれが忽然と消えてしまった向こうの世界なども、世界自体が解離してしまっていることを示唆しているように思われる。そのような世界の解離を一番衝撃的に示したシーンは、『スプートニクの恋人』における、ミュウの体験した、観覧車とその向こう側に見える世界であろう。若い頃にヨーロッパの小さな町に滞在していたミュウは、係員の手違いから観覧車に一夜閉じ込められてしまい、双眼鏡で向こうに見えた自宅のアパートを覗くと、自分がラテン系の男性と激しく性的に交わっている。人と人がつながれないのは、このように世界が二つに解離してしまっていることを示唆しているかのようである。喪失してしまったかのように思える向こうの世界と、果たして関わることができるのかどうかは、現代に生きるわれわれにとって重要な課題であると思われる。

**個人のつながりと世界のつながり**

村上春樹の作品も、個人のつながりと世界のつながりをどのように回復するかというテーマで貫かれているとして読むことができるし、その際に個人のつながりと世界のつながりがどのような関係にあるかが興味深いところである。『スプートニクの恋人』では、語り手の「ぼく」はすみれのことを、すみれはミュウのことを愛しているが、つながれない。その背景には、ミュウの観覧車の体験や、すみれが向こう側の世界に消えてしまった出来事に示されているように、世界がこちら側と向こう側とでつながっていないことがあるように示唆されている。

このテーマに関して『１Ｑ８４』が示した解決はユニークである。この作品においても、二つの月、一九八四年と１Ｑ８４という二つの世界などが示すように、世界の解離がテーマになっている。それにもかかわらず、ここでは青豆と天吾との間の恋は成就して、二人は結ばれる。この結末に関して、多くのこれまでの村上春樹のファンは不満足であったように思われる。これまでの多くの作品では、多少の例外はあるものの、恋は世界の分離を反映するかのように、成就しないからである。

しかし『１Ｑ８４』が示しているのは、世界の解離と個人の中の解離、あるいは人と人がつながらないということは別の次元であって、その二つの次元の違いが区別されれば、人はつながることができるということである。そして個人の恋愛などの個人の物語と、世界の解離などの大きな物語との関係をどのようにしていくのか、あるいはたとえ個人の物語の成就はあっても大きな物語の解決はあるのかという課題は、今後の作品に託されたと考えられる。それは最近の作品である『騎士団長殺し』においても、まだ未解決に終わっているように思われる。つまり『ねじまき鳥クロニクル』や『１Ｑ８４』から引き継がれてきた悪や暴力という世界の問題は、『騎士団長殺し』においてはナチスによる暴力とそれとの戦いとして現れて、個人のレベルではある種の鎮魂として収まりがついたけれども、社会の課題としては残っていくように思われるのである。

これは心理療法に関わっている者にとっても示唆的である。クライエントの悩みや問題の背景には、文化や社会に共通する課題が潜んでいる場合が多い。ユングの場合だとそれはキリスト教文化から排除された悪や女性性とつながるという課題であり、河合隼雄ならそれは日本における母性の否定的側面というものであった。ユングは、個人の解決を通じて、社会・文化的問題も解決できると信じていたところがあるが、それほど簡単なようには思えない。むしろ震災のこころのケアや、ターミナルケアのスーパーヴィジョンを通した経験では、心理療法はあくまで個人の物語に関わり、世界の大きな物語との間には区別があるように思われるのである。そして『1Q84』や『騎士団長殺し』が示唆しているように、区別ができることによって、個人の物語としての解決が生まれてくるように思われるのである。

## 4　精神病における他者と時代性——統合失調症と自閉症

### 三大精神病と生物学的要因

この頃神経症ということばがそもそも専門用語として使われなくなってきていることにも表れているように、心理的な要因が重要である神経症が時代性とおおいに関連していることは明らかであろう。たとえば二〇世紀に入る頃にフロイトが直面した症状はヒステリーで、フロイトはそれを無意識の性的欲望との関連で捉えたが、それは当時の抑圧的な文化と関係していた。つまり抑圧的な文化があってこそ、欲望も刺激されるし、葛藤も生まれてくるのである。また日本でもっともポピュラーだった神経症は対人恐怖で、それは近代的自我を確立させようという時代の課題が共同体のもつ規範との間に生み出す葛藤から生じてきていた。その課題が意味をなくすにつれて、対人恐怖はあまり見られなくなってきているのは、すでにふれたことである。

それに対して、より重篤な行動や精神機能の障害である精神病については、器質的な障害ではないとはいえ、生物学的な要因が大きいので、時代の変化があまり関係ないと考えられるかもしれない。三大精神病といわれたものの一つであるてんかんは、現代では脳内の神経細胞の過剰な電気的興奮によって発作が引き起こされることが明らかになっていて、精神病のカテゴリーにもはや入ってこない。一九五〇年代からの向精神薬の発見や近年の脳研究は、統合失調症をますます脳の病理として捉えようとしている。双極性障害についても同じである。特に近年におけるセロトニンやノルアドレナリンを増強する抗うつ剤の進歩は、双極性障害、特にうつ病の治療を非常に薬物的で医学的なものに変えてきている。このような意味で、精神病については、生物学的要因が明らかになり、コントロールできるようになるにつれて、心理療法の寄与する割合は激減し、したがって文化的・時代的なものが関連する側面は小さくなってきているとしてもよいかもしれない。むしろ精神病における生物学的要因の重要性が強まり、それに大学の精神科教室も大きな影響を受けて生物学的な立場や研究が中心となっていることが時代的な流れとして理解できるくらいである。

## 精神病と時代的要因

しかしいわゆる三大精神病というカテゴリーが一九世紀後半に確定してきたのに対して、現代において大きな問題となっている自閉症がそれぞれ一九四三年と一九四四年にカナーとアスペルガーによって独立に提唱されるようになったことには、時代性が関係していると思われる。自閉症を精神病のカテゴリーに含めるかどうかには議論が分かれるところであるけれども、自閉症が生物学的な基盤によっていて、生育史などの要因が大きい純粋な心理学的な症状でないことについては、一般にコンセンサスがあるであろう。そのような意味で、精神病水準についても、時代性や、さらにこころの古層との関係を考えてみる必要があると思われる。それゆえこの節からは、精神病とこころの古層および時代性について検討してみたい。

## 統合失調症と他者性

代表的な精神病の一つである統合失調症、特に破瓜《はか》型は思春期に好発する。ユング派の立場から統合失調症の治療に貢献した武野俊弥は、ヤスパースの実体的意識性という概念にも依りつつ、統合失調症の発病時における圧倒するような他者性に着目している（武野俊弥『分裂病の神話』）。つまり発病時には、患者は「姿も見えないし声も聞くことができないけれども誰かがすぐ身近につきまとっていると訴える」。これは自分の背後に誰かがいるような一方的な関係であるが、このような不気味な他者性が、やがて他者に追われている、迫害されているという追跡妄想や迫害妄想や、他者に話しかけられているという幻聴になっていく。つまり圧倒的な他者は、次第にコンテクスト化され、物語化されるのである。

また統合失調症の人が多くの「目」を絵画に描くのも、自分を圧倒するような他者性を示していると考えられる。前思春期における自己関係や自意識の確立を経て、思春期においては主体が他者、特に異性に出会っていくのが発達課題だとすると、統合失調症とは他者に圧倒され、それによって主体性が破壊されてしまう体験だといえよう。

## 統合失調症と異界

またこの異質のものとしての他者体験はある種の異界体験でもあり、別の世界に行ってしまったという印象から発病に至ることが多い。以前には修学旅行や海外旅行で発病する人が多くいたので、笠原嘉はこれを「出立の病」と名づけた。

田中康裕は、二〇代前半の妄想型統合失調症の男性が語った異常体験を報告している。「ある日、彼はあちら側の世界の異変を確かめるために佐渡島へ渡り、そこで海に沈む夕日を見たとき、太陽の形がわずかだが、歪んでいることに気づく。彼はその後本州に戻ったものの、見かけは以前と同じだが、世界が全く異質のものに変わってしまって、別の世界に来てしまったように感じていた。彼は、そんなことが起こったのは、自分が片道切符で渡ったせいだと思い込み、何度も何度も往復切符で佐渡島に渡り、本州に戻ることを試みたが、二度と元の世界には戻れなかったという」。これは異世界に行ってしまって、そこから戻れないという統合失調症の感覚を見事に示している。

## 自閉症と他者の不在

しかし最近において、修学旅行で発病したという話はほとんど聞かなくなっているように思う。これは世界における異世界性や、他者性が消滅した、あるいは弱まったことと関係していると思われる。実際のところ、現代において、修学旅行で異世界性を体験するのはむずかしくなっている。旅行中もずっと親とＬＩＮＥやメッセージで連絡をとり、旅行の様子もほぼリアルタイムにネットにアップされたりして、親たちと共有されていることが多い。このように日常や親からの完全な分離なくして、異世界体験は不可能なように思われる。

それに対して自閉症、あるいはもう少し範囲を広げて自閉症スペクトラム障害の問題は、逆に他者が存在しないことである。幼少期における人見知り、後追い行動の不在は、まさに他者の不在を示している。そして他者が存在しないからこそ、主体も成立せず、極端な場合には言語が生まれてこないことになる。

このようなことが近代の最後の病としての統合失調症と、現代の病としての自閉症の違いを示しているのではないだろうか。統合失調症とされている芸術家は、ムンク、ゴッホをはじめとして、近代の終わりに登場している。「統合失調症の精神病理は、近代的な主体に内包されたものであるのに対して、自閉症は、そうした主体そのものがもはや自明の前提とならないことを示している」（内海健「精神の病が映す「こころのゆくえ」」）。他者に脅かされる主体がまだ存在した統合失調症に比べて、他者が存在せず、それゆえに主体もない自閉症とは極めてポストモダン的な病理なのである。

統合失調症における圧倒する他者や異世界は、主体の成立を前提としていて、その主体を脅かすものである。それに対して自閉症、あるいはより軽症のものを含めての自閉症スペクトラム障害では、他者の不在は、むしろ主体の曖昧さであって、自他の未分化である。したがって現象的には、他者が存在しないかのように振る舞う場合と、未分化で主体性が弱いために非常に他者に影響をされやすい場合の両極が自閉症スペクトラム障害では見られるのである。

## 5　うつ病とこころの古層

### うつ病と時代的変化

抑うつというのは、比較的誰もが陥る可能性のあるこころの不調かもしれない。パニック障害や解離性障害などの症状は、そんな派手なことが自分に起こりえるのかと思う人がいるかもしれないし、ましてや妄想、幻覚などの統合失調症の極端な症状は自分から遠いと思われるかもしれない。けれども、多少とも気分が落ち込むとか、何をする気も起こらないというのを経験したことがないという人は、むしろ珍しいのではないだろうか。あるいはそういうことがないとか、自分には起こりえないと思っている人がいたら、むしろ問題かもしれないくらいである。その意味でうつ病は、比較的理解のしやすい、あるいは少なくともその状態をシミュレーションしやすい精神病である。もっとも精神病としてのうつ病と、うつ状態とでは差があることも意識しておかねばならないだろう。

うつ病に関して、次々と薬が開発され、またうつ病には早く薬で対応するように啓発がなされていて、その意味では生物学的要因が強いと考えられる。それにもかかわらず、うつ病における時代的、文化的な要因は大きいと思われる。たとえば近年において、「新型うつ」ということがいわれるように、うつ病においても、時代的な変化は認められるのである。

## 古典的なうつ病と罪悪感

うつ病あるいはうつ状態の中心的特徴は罪悪感であった。自分が悪いと責めてしまうために、自ら落ち込んでしまって、うつ状態になってしまうのが典型的なうつ病のメカニズムであった。たとえば近親者が亡くなったときにも、自分が気をつけてあげなかったから、亡くなってしまう前に会いに行けばよかったなどと後悔し、自分を責めて、落ち込んだり、うつ状態に陥ったりする。通常そのような罪悪感は強い責任感の結果として生まれてくると考えられる。つまりきちんとしようとする責任感が強いために、結果がよくないと自分の責任のように感じて責めるのである。その意味で、うつ状態になるというのは、まじめで責任感が強いなどの、しっかりとしたパーソナリティ構造を前提としているといえる。テレンバッハがこれをメランコリー親和型性格として取り上げたのは有名である。

しかしながら、罪悪感の背景には攻撃性が存在していて、それが外に対してではなくて、自分自身に向いてしまうためにうつになると考えられる。自分に向いていたのが時に少し他人に攻撃性を向けると、そのためにますます罪悪感が強まるという悪循環に陥ってしまうのが、うつから抜けられないことの大きな理由である場合が多い。先ほどの近親者が亡くなった例を再び用いると、なぜ自分をおいて亡くなってしまったのかという亡くなった近親者への怒りがあるのに、それを自分に向けてしまうからうつになり、それが時に亡くなった人に怒りを向けてしまうと、そういう亡くなった人に怒りを向けている自分のあり方に対してますます罪悪感が強まることになり、一層うつ状態が深まることになる。

またうつ病者の罪悪感に関して、木村敏がドイツのうつ病者が神に対する罪悪感を抱くのに対して、日本のうつ病者が他者や世間に対して感じるという文化的差異を取り上げたことは有名である。うつ病の罪悪感についても文化差が認められるのである。

## 現代のうつ病

ところが近年のうつにおいては、新型うつ病の場合をはじめとして、まさにこの罪悪感があまり強くないのである。野間俊一は近年のうつに共通するのは「責任を自分ではなくて他者に向ける他責傾向、回避傾向、趣味の継続といった特徴である」とまとめている（野間俊一『身体の時間』）。罪悪感が自意識と並んで近代意識の特徴であるとすると、うつ症状の変化に関しても近代意識の終焉が感じられるのである。つまり罪悪感も自意識も、自分を責めたり、自分を外から見たりという、自分を基点としてもつがために生じてくる葛藤と考えられ、またどちらも自分と自分との関係という自己関係に基づいているからである。

また五〇年くらい前には、うつ症状だけを中心とするものが多くて、躁うつを往復するタイプは明らかに生物学的要因が強いものに限られていたのに、近年は双極性障害という呼び方が定着し、広まっているように、うつ状態と躁状態の双極をもつものが心理療法家の出会う事例に関しても増えているようである。フロイトの時代に多く存在して、その後もはや過去のものと思われていたヒステリーが、一九九〇年以降に解離性障害として復活してきたのと似ているところが感じられる。

## うつと前近代における魂の喪失

何度か指摘しているように、ポストモダン的なこころは、近代意識を飛び越して、前近代のこころのあり方やこころの古層とつながりやすいようである。うつ症状の新しいあり方についても、そのような視点から考えてみたい。エレンベルガーが『無意識の発見』で取り上げているように、前近代の世界では、病は魂の喪失か悪霊や死霊などの異物が自分に侵入してくることと考えられていた。これはこころが自分の身体の外にも広がっているとみなすオープンシステムの見方に基づくもので、シャーマニズムにおける脱魂と憑依という二つの形にも対応している。

この見方からすると、うつというのは魂の喪失として捉えられるのではないだろうか。自分の魂をどこかに喪失していて、ここにないために力が出ず、気分が落ち込んでしまうのである。これは神話的には自分の魂ではなくて、大切な人を別の世界に失った人として表現され、娘のコレーを冥界に連れ去られた母のデーメーテルや、妻のエウリュディケを失ったオルペウスの物語がそれに相当する。だからうつ状態の治療とは、失われた魂の回復と帰還と考えられるのである。

ユング派の分析家のマイヤーが示しているうつ病患者の回復過程における夢は、失われた魂を魚のメタファーで示しているようである。最初の夢で、夢見手は釣りをしているがうまくいかず、イライラと興奮して三つ叉の矛で魚を見事に突き刺す。完治した後での夢では、夢見手は南太平洋にある大きな雄ウナギの故郷に行って、無数のウナギが家へと出発するのを見る。これらの夢はエネルギーの回復とも、魚で示されている魂の回復とも理解できるであろう。

それに対して、自分に何かが取りついてしまうのが、コントロールを欠いた過活動である躁状態に対応すると考えられる。同じようにして解離性障害も、魂を喪失してしまうと、現実感がなくなる離人症的な現れになり、何かが取りつくと異常に活発になって、多重人格的な現れとなると考えられる。近代意識によるこころの病は、自分自身の中で葛藤することによって生まれてきた。それはあくまでも自分の中の閉じられた世界であり、だからこそそれにふさわしい治療が可能になる。それに対してこころの古層における病観は、狭い自分から出て広がっているオープンなこころ観に基づいており、それは自分の中をめぐる近代意識が弱まるにつれて、むしろ現代において再び目立つ形で現れてきているのかもしれないのである。

そのような見方からすると、新しいうつ状態に関しても、これまでの自己関係や罪悪感で考えるよりも、失われた魂を取り戻したり、新しい魂や力が湧き出てきたりすることが大切であるというイメージをもつことが心理療法においては有効であるかもしれないのである。

## 6　病態水準と境界

### 境界例

前節でうつ病を扱った際に紹介したように、魂の喪失というこころの古層のモデルは、うつ病にも解離性障害にも適用可能であった。そうすると、解離性障害は精神病ではないので、精神病が通常の精神状態やいわゆる神経症から明瞭に区別されているかどうかに疑問が付されることになる。

精神病という言い方そのものが専門用語として消えつつあるけれども、精神病と正常、精神病と神経症の区別が最初に大きく揺らいだのは、解離性障害に関連してすでにふれた境界例が登場したときである。心理療法は、様々な症状を扱い、時にはクライエントが危機的状況を迎えることがあっても、時間・場所・料金を定めるという治療構造を守り、言語的に表現できる人を対象としてきた。ところが一九七〇年代、八〇年代に多くの治療施設やセラピストを混乱に陥れた境界例の人は、いつでもセラピストに電話をかけてきたり、終了の時間になっても帰らなかったりなどして治療構造を守らず、自傷、次々と変わる性的関係など、いわゆるアクティング・アウトを繰り返し、セラピストに爆発的な怒りや攻撃を向けることがあった。それにもかかわらず、精神病とは違って自我が崩壊はせず、ある程度の自我機能の水準は保たれているのである。

その意味で境界例はまさにその名前のとおりに、精神病と神経症、精神病と正常の境界をあいまいにしたといえよう。しかしフーコーなどが明らかにしたように、精神病と正常の線引きというのはまさに近代の産物である。それは民俗学でいう異人などとして、社会の中に受け入れる装置があって、それなりの場所をもっていたいわゆる狂気やこの世ならぬものが、正常と峻別され、病院に押し込められることによってはじめて成立する。今でも都会を離れると、妄想のようなことを語る人も、周囲がそれに普通に耳を傾けてくれて、特に異常であるというレッテルを貼らないことによって、必ずしも統合失調症という診断を受けたりせずに済んでいる場合があることに気づかされる。それどころか認知症のようなことも、アイヌでは老人が神のようなことばを語るようになるとして受け入れられていたという（藤村久和『アイヌ、神々と生きる人々』）。正常と異常の区別、精神病の峻別は医学的・生物学的なものではなくて、まさに社会的なもので、近代の産物なのである。

## 病態水準の曖昧化

それに対して境界例の登場は、近代における正常と異常の区別、少なくとも精神病との区別の揺らぎを示している。しかしながら境界例は、カーンバーグなどによるパーソナリティ障害や病態水準の考え方が出てくることによって、近代の構造の中に再び位置づけられてしまう。つまり境界例は一つの全体的対象が持てなくて分裂を代表とする原始的な防衛機制を用い、良い・悪いの表象が分かれていなかったり、自己同一性が拡散していたりする点では精神病圏に近いけれども、自己表象と他者表象が一応分かれていて、現実検討能力が維持されていて、防衛が内界を葛藤から守るために機能している点では、精神病レベルとは区別されているのである。たとえばアンビヴァレンスといわれるように、セラピストの良い表象と悪い表象が分離されていないので、それが入れ替わったりするけれども、それは自分を都合よく守るために使われていたりする。

しかしこのように取り戻されたように思われる精神病理に関する近代の秩序は再び揺らいでいる。近年、病態水準という考え方が臨床的にあまり意味をもたないことが増えているように思われる。たとえばはっきりとした妄想や幻覚があるから精神病の範疇に入るということが以前にはかなり確実にいえたのに、最近はそうでもない。精神病でなくても妄想や幻覚が一時的に現れたりする事例が多いのである。

## 発達障害と重ね着症候群

これに関連して興味深いのが、「重ね着症候群」（衣笠隆幸「境界性パーソナリティ障害と発達障害」）という考え方である。これは、発達障害・自閉症スペクトラム障害の人が、主体性が弱く自他未分化なために他者の影響を受けやすいこともあって、様々な症状、時には精神病の症状を呈したりしているけれども、それは中核的なものではなくて、実は発達障害に起因するという考え方に基づいている概念である。そのような重ね着の症状として典型的なのは強迫性障害で、実は発達障害に特有なこだわり行動が強迫性障害として誤解されている場合が多い。

爆発的な怒りを示して、一見すると境界例のような状態になる発達障害の人はいるけれども、その怒りは人格の中核に根ざしたものではなくて、クライエントが不満に感じていることをよく説明すると怒りが簡単に消失したりする。あるいはそもそも怒りが長続きしない。発達障害の人で妄想を抱く人も多いけれども、それは対人認知の歪みに起因するだけなので、こちらが説明したり、あるいは本人が自分で気づいたりすると、簡単になくなってしまう。

これは精神病的な症状や状態像は蔓延しているけれども、本来の精神病はなくなってきていることを意味する。そして残念ながら、本来は発達障害・自閉症スペクトラム障害の人が、統合失調症や境界例という間違った診断を受けて、主体性がないのでその診断に合わせて症状を示していたり、また合わない薬を飲み続けていたりする事例は多いのである。

## 境界の喪失とポストモダンの世界

このような精神病との境界のあいまい化は、近年における社会やこころの変化と無関係ではないであろう。それはもちろん自己の中心性と一貫性をもつ近代意識の終焉によってもたらされたものである。またさらに社会的にみると、ネット上では、フェイクニュースがあふれていることからしても、真実と嘘の区別も曖昧になってきており、現実と非現実、現実と妄想の区別も原理的にはなくなってきている。妄想があっても必ずしも精神病ではないという人が見られるのも、社会で必ずしも一つの現実や真実だけが認められているのではなくて、様々な現実があり、時には虚構や嘘も平気で存在していることにも関係しているかもしれない。

　こころの古層を考えると、正常と狂気の区別は前近代の世界ではあまり意味のあるものではなかったけれども、それはポストモダンの世界において、様々な操作的で厳密な診断基準があるにもかかわらず、再び揺らいできているといえよう。

# 第3章　こころと象徴性

## 1　こころの古層と象徴性

私が営んでいるユング派心理療法は、言語的なやりとりだけでなく、夢、箱庭療法、描画などを用いてのイメージを重視している。精神分析と同じように、ユング派の分析家の資格取得のための訓練では、自分自身が心理療法を受けること、いわゆる教育分析が求められるが、そこでも自分の見た夢を扱うことが中心である。

### 物語性と象徴性

そのイメージにアプローチする際に物語性と象徴性という二つの大きな手がかりがあると思われる。物語性とは、それぞれのイメージや、イメージのシリーズが物語性をもっていることである。たとえば一つの夢は、起承転結の構造をもつような物語をなしている。さらには物語性とは、夢や箱庭などが、面接の回数を重ねるごとに、ある種の連続性をもって変化し、シリーズとして展開していくことを意味している。箱庭を連続的につくっていくと、あるテーマや課題が示されて、それがシリーズの中で変化していくことについてはすでにふれた。もう一つのアプローチの視点がここで取り上げる象徴性である。

## 象徴性

象徴性の定義や理解に関しては、様々な哲学者、人類学者、心理学者などで意見が分かれるところである。そもそも言語の成立に象徴性を認める考え方から、メタファー的なところに焦点を当てるものもある。また後で述べるように、ユング自身の考え方もある種の矛盾をはらんでさえいる。しかしここでは具体的なイメージから、象徴性とは何かについて考えてみよう。

たとえば、夢にカラスが登場したり、箱庭にカラスが置かれたりしたとしよう。その場合に、カラスはゴミをあさる、社会性が高い、知能が高い、黒い色からして不気味であるなどというカラスについての知識や印象、さらには自分がこれまでにカラスについて経験したことからその意味が理解できることがある。あるいは夢や箱庭の中のコンテクストでその意味が明らかなこともある。そのような場合に、これから取り上げるような象徴性の次元はあまり必要でないであろう。逆にいうと、上述のようなカラスの意味は、ここで扱っている象徴性に入ってこないことになる。しかし日常的な理解や経験的な理解だけをもとにしていては、夢や箱庭の中のカラスの意味がわからないことがある。そのときに象徴性の次元が有用になってくる。

河合隼雄は、スイスで分析を受けていたときに、自分の夢にカラスが登場し、その意味がわからなかったとしている（河合隼雄・谷川俊太郎『魂にメスはいらない』）。つまり上述のような、カラスについて常識的に知られていることや、カラスについての河合隼雄の個人的な経験からはこの夢のカラスの意味がわからなかったということで、このような場合に象徴性が重要になってくる。

日本神話やギリシャ神話をはじめとして、カラスは太陽とのつながりが強い。ギリシャ神話における、白かったカラスが、太陽の神アポロンの怒りによって黒になった物語は有名である。サッカー日本代表のエンブレムで多くの人が知るようになったが、八咫烏《やたがらす》は神武天皇を大和の国まで案内したものであり、太陽の化身ともされる。後にアマテラスという太陽神を中心に据えた日本神話論でユング派の資格論文を書いた河合隼雄が、その全容はわからないが、カラスの登場する象徴性の高い夢を見ていたというのは非常に興味深い。推察にしか過ぎないが、カラスが太陽と関係する象徴性がその夢の中でも鍵となっていたのであろうと思われる。

## 象徴性とこころの古層

したがって象徴性を通じて、われわれは意識されていない次元にふれ、その結果として、カラスが太陽神とのつながりを示唆するように、思わぬ形でこころの古層に出会うといえよう。象徴性は、神話、物語、儀式、風習などの形で、共同体で自明に共有されていたと思われるが、現代におけるわれわれの多くはそれをもはや意識していない。しかし河合隼

図4　ウロボロス（Michael Maier, 1617）

雄の例のように夢を見た人や箱庭を置いた人が特に神話的な背景などを知らなくても、イメージの象徴性が見事にその夢や箱庭に当てはまることは意外と多いように思われる。

このようなイメージの日常的な理解と象徴性のギャップを示す典型的な例が蛇であろう。昔に比べて、日常で蛇を見かけることははるかに減ったように思われるが、夢に蛇が登場したり、箱庭に蛇が置かれたりすることは比較的多い。その際のクライエントの通常の反応は、気持ちが悪いとか嫌な感じがするとかのように、否定的で拒否的である。しかし脱皮をすることに示されているように、蛇はしばしば死と再生の象徴となり、また薬や癒しとの関係も強い。自分の尻尾をくわえている蛇はウロボロスと呼ばれて、始源の未分化な状態を表す（図4）。また古代ギリシアにおいて世界を取り巻く海であり、川であるオケアノスは蛇としても表象されており、アイオーン（古代ギリシャで時間や時代を意味して、神話では蛇にまきつかれたライオンの姿になる）を取り巻く蛇のように、人間をこの世界に縛り付けているものの象徴でもある（ギーゲリッヒ「オケアノスと血液循環」）。このような象徴性が夢や箱庭の蛇のイメージにフィットして、夢や箱庭全体の意味が明らかになって驚かされる場合も多いのである。

## 記号と象徴

しかし現代人のこころとこころの古層、あるいはこころの表層と深層の関係はそう単純ではなくて、日常の意味が表層、象徴的意味が深層や古層というわけにはいかない。象徴的な意味を知っていて、それに従ってイメージを解釈すると深い意味を捉えられるかというと、必ずしもそうではない。カラス＝太陽、蛇＝死と再生のように考えてしまうと、それはこころの古層や深層に導いてくれるのではなくて、たちまち意識の表層にとどまるだけのことになってしまうのである。ユング心理学が好きになると、ついついイメージに象徴的解釈を辞書的に当てはめたくなるが、そうするとそれは単にことばを置き換えているだけであって、解釈が表面的になってしまうリスクが存在すると思われる。深層に至る垂直的な関係であったはずのものは、たちまち表層での水平的な関係に終わってしまうのである。

そのような問題があるからこそ、ユングは象徴と記号を区別している（ユング『タイプ論』）。つまり記号とは、あるイメージが何を示しているかが一義的で明らかなもので、極端な場合は赤信号が危険や停止を意味しているようなものである。逆に記号が多義的であると大混乱を招くであろう。

それに対してユングは、象徴とは、蛇＝死と再生のような一義的な内容ではなくて、何か未知なものを指し示すという。

これは何かを象徴するはずのものが未知のものを指し示す、つまり何を指し示しているのかがわからないというある種の矛盾した事態でさえある。しかしユングの定義は、象徴というのが単なる記号になりやすいリスクを避けようとしていて、また象徴が日常とは異なる次元や層を開くということを重視していると思われる。またさらには、象徴が未知のものを指し示すということは、象徴が形骸化して、一義的な記号になってしまったときには、その象徴はすでに存在意義をなくしてしまっていて、それに代わって新しい象徴が生まれてくる必要性があることも指摘しているといえよう。象徴がこころの最前線においてどのように変化してきているかについては引き続き検討したい。

## 2　象徴性と現代

### 現代における象徴性

カラスや蛇の例からもわかるように、たとえわれわれが意識していなくても、神話などを背景にもつ象徴性が生きていることがイメージを用いる心理療法においてはしばしば認められる。それと同時に、象徴が形骸化して、単なる当てはめや記号となる危険が存在するし、またそのために象徴が刷新される必要がある。

だからたとえば蛇は死と再生の象徴であると図式的に理解して当てはめてもそれは象徴ではないし、夢に蛇が全く異なる象徴性をもって現れることがある。また蛇以外の新しいイメージが死と再生などの象徴性を担って現れてくることがある。しかしこの場合にたとえ蛇の個別の象徴性が揺らぎ、弱まったとしても、別のイメージが蛇に代わって同じような内容を象徴することが可能であって、象徴性自体の重要性は失われていない。それに対して、象徴性そのものの喪失の危機というのが現代において認められるかもしれないので、ここではそれを検討したい。

何度かすでに指摘しているように、近年において悩みや葛藤をもたなかったり、発達障害的であったりするクライエントが増えてきている。そのような人たちの夢やイメージは「象徴性のなさ」を特徴としているといえよう（河合俊雄編『発達障害への心理療法的アプローチ』）。

## 現実のままのイメージ

たとえば象徴性のないクライエントの極端な場合は、そのつど自分の訪れた場所をそのまま毎回の箱庭に再現したり、現実で生じたことがそのままに夢に現れるのを報告してくれたりする。実のなる木を描くというバウム・テストを行ってみても、窓から目に入る木を模写したり、自分の家の庭の木を再現したりする。そもそも描画テストは、投影法の一つと呼ばれるように、描く人の主観的世界が絵に投影されてくることを前提にしているけれども、テストに、何の主観的な世界も投影されていないことになり、それではテストとしての意味をなさなくなる。

象徴性とは、字義通りのものや意味と区別されたメタファー的な次元での意味である。それをユングは、未知のものを指し示すと表現したのであった。あるいは現実と区別されたファンタジーの次元と呼んでもよいかもしれない。だから実際の心理療法や夢分析においては、たとえ現実に起こったことがそのままに夢に出てきたようにクライエントには思えても、現実との違いがあるかどうかに焦点を当てていく。すると、その小さな違いに重要な意味が認められることが多いのである。

たとえば『ユング心理学入門』（河合隼雄）に、ある母親が自分の娘を叱り、その夜、それと同じことを夢に見た例が示されている。しかしよく考えてみると、夢の中では自分の父親がそばに立っていて、しかも大変若いときの父親だった点が実際の出来事と異なっていたという。そのことからクライエントである母親は、自分が父親と並んでいる自分の母親の位置も占めていることに思い至り、自分が小さい頃に母親にされたのと同じことを娘に対して繰り返していることに気づくのである。

ところが、セオリーに従っていくらイメージと現実との差異に焦点を当ててみても、どこまでも現実の全くの繰り返しであって、字義通りの意味しかなくて、それを超えた何の象徴性も認めることができない場合が増えてきている。現実そのままというのは極端であっても、象徴的意味が見出しにくいイメージをもたらすクライエントは増加しているように思われるのである。

## トラウマと反復強迫

近年における象徴的意味を見出しにくいクライエントの増加とは別に、以前から同じようなことが問題になっていたのは、反復強迫といわれるもので、トラウマにおけるフラッシュバックとして再び注目されているものである。たとえば災害や犯罪などの極限的な状況に巻き込まれてしまうと、自分の体験した恐ろしいことが繰り返し悪夢として見られる。それだけではなくて、そのような光景や感覚が、覚醒時にも浮かんだりする。これも元の体験があまりにも強烈で、象徴化や物語化されないので、全く同じイメージが繰り返されていることになる。この場合にも、象徴化機能そのものがダメージを受けているときも、その体験だけが象徴化されないときもあると思われる。いずれにしろ、元の体験が象徴化されていくことが大切になる。

## 象徴性の喪失

トラウマの場合はさておいて、象徴化する能力に乏しい人が増えているということは、単に現代において発達障害的な人のように象徴性に開かれていない人が増えているということだけではない。むしろ現代における象徴性そのものの弱まりや喪失を示唆していると考えられないだろうか。そもそも象徴性とは、儀式や物語を通じて、共同体の中で文化的に共有されているものであった。人々は暗黙のうちに象徴的意味を共有していた。それがたとえ文化の表面から姿を消したとしても、個々人の無意識のこころの中には、いわば文化的なものの残滓として象徴性が保たれているというのがユングの理解であり、またそれは心理療法で扱われる夢や箱庭におけるイメージに当てはまることが多かった。だからカラスのように、夢を見た本人は全く意識していなくても、その象徴性が夢にフィットしたりする。

しかし近年の心理療法におけるクライエントを見ていると、象徴性そのものが失われつつあるように思われる。ユングが第一次世界大戦前に精神的危機を迎えたときに、積極的にイメージを想起し、時にはイメージの中の人物像と対話を行っていく方法で乗り越えようとした。それを記録した『赤の書』は、いわば象徴性の宝庫であり、そこにはありとあらゆる神々や神話が登場する。私が『赤の書』を日本語に翻訳した際に、そこに登場する様々な神話や神々を調べるために、とりあえずインターネットで検索してみると、あまり知られていない神々などでも、上位でゲーム関係ののがヒットして驚かされた。しかしゲームなどで使われている神々は、象徴性をもったものとして使われているとは思えない。中沢新一が指摘するように、それらは「神話的思考の様式」だけであって、その豊かな「内容」は切り捨てられているのである（中沢新一『人類最古の哲学』）。つまり神々は名ばかりで、そこに象徴的な中身は認められなくなっている。そしてこのような象徴性の弱まりや喪失は、心理療法においてだけではなくて、文化芸術活動や、デジタル産業においてでさえ問題をもたらすかもしれないのである。

## 象徴性の喪失への対応

ユングはこころの古層としての象徴の現代人のこころにおける価値を強調した人である。しかしすでにユング自身も、象徴が現代に生きているだけではなく、「象徴が次第に貧困化していくこと」も感じていた。そして驚くべきことに、象徴性を現代に復活させようというよりは、「象徴のなさという精神的な貧困を受け入れること」を勧めさえしているのである（ユング「集合的無意識の諸元型について」）。象徴へのノスタルジックな執着は問題としても、果たしてユングの言うように、象徴のなさを受け入れていくしかないのであろうか。

　象徴性が弱まり、失われた世界がどのような様相をとるのか、また実際の心理療法において象徴性が弱い人にどのように対処したらよいのかは、現代における大きな課題であるように思われる。

## 3　象徴性と直接性

### 象徴性の貧困化？

　現代において象徴性そのものが貧困化していて、また発達障害などのように象徴性の機能が弱いと考えられるクライエントが増えていることは、ある意味でユングが象徴と対比させていた記号の世界であり、デジタル化された世界であるともいえる。つまりあるイメージやものの意味が一義的に決まっていて、そこに比喩や象徴のような曖昧であったり、別の次元を示すものであったりするものが働く余地がないのである。実際に現代社会は、ますます高度にデジタル化されていって、一義的な記号で支配されていくようにも思える。

　それでは世界は、完全に一義的で曖昧さのないものになるように進んでいるのであろうか。こころの興味深いところは、ある方向に一面的に進むのではなくて、必ずそれへの反作用が生まれることである。たとえば啓蒙主義や科学主義に対してロマン主義の運動が生まれたことはその典型的な例である。近年におけるグローバリズムについても、それが予想されたように一方的に進むのではなくて、民族主義や、保守的な原理主義による反動が生じている。一九六〇年代、七〇年代には、学生運動をはじめとする支配階級や上の世代に対する反発の力や暴力が社会の表面では吹き荒れたけれども、その背後でそれとは全く対照的に、無気力の学生が増えていたことが指摘されている。そのような反作用は、単なる時代の流れに対する抵抗であることもあれば、本質的なものであることもある。

## 象徴の貧困化と直接性

象徴の貧困化についても、単にそのような方向に進んでいくのか、それとも反作用があるのか検討してみよう。結論からいうと、象徴の貧困化によって、画一的で静的な世界に至るのではないようである。象徴というのは、置き換えるものであり、媒介するものであり、ユングによれば何か未知のものを指し示すものである。たとえばカラスは前述のように何か未知なものとしての太陽や太陽神とわれわれをつなぐものである。カラスが象徴として機能しなくなると、それが象徴していたものは消滅するのではなくて、媒介されるものを失っただけである。その結果として、これまで象徴がつないでくれていた何か未知なるものは、われわれから切れてしまうだけでなくて、突然に無媒介で直接的に噴出することになる。時には予想外の暴力や爆発を引き起こすことになる。

このように象徴が機能しなくなった世界を見事に描いているのが、再び村上春樹の小説であると思われる。『海辺のカフカ』に登場するカーネル・サンダーズやジョニー・ウォーカーの意味についてインタビューで尋ねられて、村上春樹は「それはアイコンです」と答えている（村上春樹『夢を見るために毎朝僕は目覚めるのです』）。つまりそのような人物が登場すると、われわれはついついそれは何を象徴するのかと考えたくなるが、それには何の象徴的な意味もなく、単なるパソコンやスマホ画面上のアイコンのようなものだというのである。しかし象徴が機能しなくなり、媒介するものがなくなった世界であるからこそ、『ねじまき鳥クロニクル』における壁抜けのような非常に不思議で直接的な遭遇が起こったり、また多くの村上春樹の作品にあるように、性や暴力が直接的に噴出してきたりする。『海辺のカフカ』における暴力については、すでにふれたところである。

象徴は、たとえば儀式や祭がその典型であるように、神話的な世界やこころの古層をわれわれに媒介してくれる。しかしそれが機能しなくなると、こころの古層は消滅するのではなくて、いわばむき出しのままの姿を見せるのである。それは直接性の病理をとることがある。一九八〇年代から増えていった、いわゆる境界例という症状はこの直接性の病理の特徴を強く示している。クライエントは、母親やセラピストを罵倒し、自分の要求がそのまま満たされることを求める。心理療法は基本的にことばやイメージという第三項によって媒介されているはずであるが、境界例の人はそうではなくて、二者間での直接的な実現を迫るのである。二〇〇〇年代ころから増えてきた発達障害においても、待てないことや衝動性が問題になり、やはり直接性が目立っているのである。

このように象徴性が弱くなり、時々無媒介的に噴出してくる直接性に翻弄される状態に対して、どのように対処できるのであろうか。近年における発達障害へのマニュアル的対応を見ていると、残念ながらますます象徴性を消していくことによって、こころの古層のパワーを押さえ込もうとしているようにさえ思えるのである。

## 直接性への対応

象徴性の喪失に対して社会全体のレベルでどのような対応が考えられるのかは非常に大切な課題であるが、それはここでの課題を超えている。これについても、ある種の宗教的な原理主義は、それを受けとめられないことから生じているのかもしれない。

しかし心理療法に限れば、いくつかのヒントが認められるように思われる。一つには、象徴性の機能が弱いから、象徴性やイメージによるアプローチを放棄するのではなくて、もっと通常よりも象徴性を扱う範囲を限定し、設定を強制することによって象徴性が生まれてくるのを促進することである。心理療法において、本来はあくまでクライエントの自主性に任せていて、クライエントが希望する限りにおいて、絵を描いてもらったり、箱庭をつくってもらったりするものである。ところが発達障害のクライエントに対しては、必ず絵を描いたり、箱庭をつくったりしてもらうようにセラピストが要望し、なかば強制することによって、治療的展開が見られることがある。これは村上春樹の小説において、『１Ｑ８４』の中の「空気さなぎ」のような、作中作の第二の物語がよく見られるのと似ているかもしれない。小説の中の短い物語であるからこそ、一つの短い物語であるという設定があるからこそ、奇想天外で象徴性の濃い物語に、読者も入っていけるのかもしれない。同じようにして心理療法においても、絵の中、箱庭の中などのように限定するのである。

さらには、直接性のようにして生じてきたものを理解し、受けとめる姿勢がセラピストの側に必要であろう。たとえば夢においても、後で詳しく取り上げるように、象徴性の次元ではなくて、亡くなった人が枕元に立つような直接性の次元がある。あるいは通常の心理療法において、身体接触やセラピストの直接的行動は禁じられていて、それはことばによる媒介された関係とプロセスを大切にするためである。しかし時にはたとえばクライエントが握手を求めたり、セラピストの個人的なことを尋ねたりするような、直接性の次元が開かれ、それが治療の転機となる瞬間もあり、セラピストとしてもそれに対しての判断を迫られ、それを受ける必要が生じることもある。

あるいはユングが共時性やコンステレーションと呼んだような、偶然性が働き、現実でセラピストがクライエントに出会ったり、クライエントの心理的問題がセラピストのと重なったりすることがある。そのような直接性を生かしていく治療的態度が求められることになろう。そして逆説的であるが、ユングが象徴の貧困化を受け入れることを提唱したように、貧困化を受け入れて、ある意味で無の次元に至ってこそ新しい象徴が生まれることもあるのである。

# 第4章　儀式と心理療法

## 1　イニシエーション

### 象徴と儀式

前近代において重要だったのは「儀式」であり、それはこころの古層と深く関係している。たとえばキリスト教におけるミサという儀式においては、パンとワインの象徴性が非常に重要になる。仏式のお葬式におけるお焼香、初詣のときのお参りの仕方など、儀式において使われるもの、決まった動作には、ふだんは意識されていない場合でさえ、極めて高い象徴性が含まれているのである。

また象徴に関して、それが未知の表現しがたいものを指し示すはずなのに、単なる記号になってしまうリスクがあることをユングに基づいて指摘した。全く同じようなことは儀式についても当てはまると思われる。つまりある形を取らないといけないという儀式が形骸化してしまって、本来の意味とはたらきをなくしてしまうのである。儀式も象徴と同じように、本来は何か未知のものへとつないでくれるはずのものである。

## イニシエーションと現代

さて、そのような儀式の中で、「イニシエーション」というのが心理療法の過程を理解する上でしばしば重要となり、ユング心理学のコンテキストではヘンダーソン、河合隼雄などによって取り上げられてきた。イニシエーションは「通過儀礼」とも訳されていて、出生、成人、結婚、死などの人生の節目を超えるための儀式で、特に子どもから大人になる儀式が、ファン・ヘネップをはじめとする文化人類学者によって取り上げられて有名になった。イニシエーションには、割礼や抜歯など、身体的苦痛を伴うものも多く、イニシエーションを受ける者、すなわち加入者である若者は、何らかの試練に耐えなければならない。それと同時に神話や神々についての部族に伝わる秘密の知識が伝えられるという面もある。

それでは文化人類学を通じて再発見されたイニシエーションは、近代社会にとっても意味をもっているのであろうか。近年では、日本の成人式において奇抜な行動をとったり、騒動を起こしたりしている新成人がニュースを賑わせているように、現代において社会的に行われるイニシエーションというのは非常に形骸化していて、本来の意味を喪失してしまっているといわざるをえない。まさに先に指摘した儀式の形骸化の典型的な例である。また他方で必ずしも成人式に参加しない人も多く存在するけれども、それは個人の選択として社会的に何の問題にもならない。つまりイニシエーションが共同体において共有される必須のものではなくなっていることがうかがわれる。同じようなことは他の儀式についてもいえるかもしれない。前近代の世界においては、儀式によって共同体に共有され、認められることが非常に大切であったと思われる。しかし入籍しても結婚式を行わないことは可能であるし、またお葬式も家族だけで行うことが可能になってきていて、イニシエーションと同じく、儀式が社会・心理的な生活にとって必須のものでなくなっていることがうかがわれる。

しかしながらこの場合にも、社会や意識の表面ではイニシエーションが無意味になってしまっていても、こころの古層ではそれが未だに働いていると考えられる。その点を様々な局面に関して取り上げていきたい。

## 心理療法とイニシエーション

それでは、イニシエーションが心理療法においてどのような形で見られるか検討してみよう。まずは、こころの変化に関わる心理療法の設定そのものがイニシエーションという側面をもっているということである。文化人類学で報告されている多くのイニシエーションの儀式において、若者は共同体での日常生活から無理矢理に引き離されて、人里離れた小屋などの非日常の世界に連れて行かれる。そこで試練を受けたり、また子どもには知らされていない共同体の秘密を教えられたりする。心理療法においても、日常とは異なる時間・場所が設定されて、そこで定期的に面接が行われ、時には自分についての深い洞察が得られる。さらには料金を支払うことは、本来のイニシエーションにおける生贄を捧げるという意味に関係している。

心理療法が行われるのは、日常とは異なる時空間であるので、ふだんは表明されないような次元での怒りや悲しみが生じてくる。フロイトのエディプス・コンプレックスやユングの元型などという考え方が明らかにしたことは、いかに心理療法において、非日常的なことが現れてくるかにほかならない。そしてそれには大きな苦しみが伴う。そもそも症状などに悩まされていて、それから解放されたいがゆえに心理療法を受けに来るのに、心理療法を受けること自体がイニシエーションのような試練であることが明らかになってきて、クライエントは心理療法を続けたり深めたりすることに対して、大いに抵抗を覚えることがある。

### イニシエーションのイメージ

こころの古層に残っているイニシエーションのイメージは、夢に登場してくることがある。河合隼雄が論文「心理療法におけるイニシエーションの意義」で扱っている夢を紹介したい。これは対人恐怖の青年が見たもので、「ペニスの先の部分がうんでいる。医者が先をぬいて、人造のやわらかい鉄のと、とりかえる。しかしこんなん役に立つやろかと思う」という夢である。これには、イニシエーションにある割礼のイメージが現れている。そして河合隼雄も解釈しているように、この夢には男性性の確立のテーマがあるが、同時に夢見手は「こんなん役に立つんやろか」と不信感をもっていて、抵抗があることがうかがわれる。この夢の一週間後に、ある野蛮な乱暴な族長と争って、族長は夢見手の足の生皮をひんむくかわりに、夢見手の足の形をした木の生皮をひんむくという夢が見られており、やはりイニシエーションのイメージが見られる。河合隼雄は、これも割礼との関係で理解しているが、ユングが指摘しているように（ユング『ゾシモスのヴィジョン』）、皮を剝ぐこと自体が、重要なイニシエーションのモチーフであった。そして同じような男性性の確立と、自分の足の皮が木の皮に置き換えられてしまうという抵抗が見られるのである。

夢に現れてくるイニシエーションの一つの典型的なモチーフが歯医者である。文化人類学が示しているように、抜歯というのはイニシエーションの重要な要素になっている場合がある。児童文学においても、歯が抜けることをめぐっての、いくつもの興味深いシーンが描かれている。また歯科医は、口の中をのぞき込むので、これは内面を見るというメタファーになる。フロイトの親友であり、またある意味で分析家であったヴィルヘルム・フリースが耳鼻科医であったのも、同じように体の穴に関わり、それをのぞき込むというメタファーからして興味深い。さらには歯の治療の特徴は、元々痛みをもって歯科医のもとを訪れてみると、もっと根本的な治療が必要になって、さらなる痛みを被ることになることが多い。これも試練としてのイニシエーションや心理療法のイメージにあっていると思われる。そのせいか、セラピストを象徴するものとして、歯科医が夢のモチーフに登場することが多い。

同じようにしてよく見られるのが、美容師のモチーフである。昔の元服式において前髪を切って髪型を変えたり、力士の断髪式で大銀杏を切り落としたり、出家に際して髪を剃ったりするように、髪を切ることは重要なイニシエーションのモチーフである。そのこともあってイニシエーションのイメージとして、髪を切ること、髪型を変えることが夢に登場することも多いのである。また髪を切ってもらいながら、美容師と様々な話をすることが多く、時には個人的なことも語る人がいるので、セラピストのイメージとして美容師が登場することの要因かもしれないのである。

## 2　心理療法におけるイニシエーション

### 脱魂と外からの視点

近代社会において失われたり、形骸化したりしているイニシエーションが、こころの古層では未だに働いている可能性がある。そしてすでに指摘したように、社会から隔離されたところで守秘義務を伴って行われる心理療法自体が、イニシエーションの構造をもっており、その特徴が夢にも示されてくる。

ここでは心理療法全般やその本質をイニシエーションというメタファーで捉えるというよりは、実際のイニシエーションのイメージが心理療法の中に生じてくることを取り上げてみたい。シャーマンのイニシエーションにおいて、動物霊などによってシャーマンの頭が切り離され、それが樹木の上などのような少し高いところに置かれ、残された自分の身体がバラバラに解体されるところを見守るというヴィジョンが生じることがしばしば報告されている（Findeisen & Gehrts, 1983）。これは根源的な変容であるイニシエーションに欠くべからざる死という体験を示している。イニシエーションとは、まさに死を後にすることなのである（Gehrts, 1985）。

またこれは、魂の専門家であり治療者であるシャーマンが自分の身体を離れて脱魂する能力の獲得にも関係している。するとこのイニシエーションは、セラピストのイニシエーションにも関わっているかもしれないのである。そもそも精神分析や分析心理学における分析家の訓練は、個人分析を求めることからして、イニシエーションモデルに基づいているといえよう。

似たような体験は仏教における修行にも生じてきて、中沢新一が密教の行者になる修行中に、「意識を身体の外に送り出し、死の状態をコントロールする」ための瞑想のテクニックを行っているときに、「自分が身体の外にいて、自分の身体を上の方から見下ろしていることに気づいた」とされている。

このような体験は、極端なもののように思われるかもしれないけれども、発達的には自意識の獲得にも関係している。すでに取り上げた風景構成法という、「川」「山」などのアイテムを順に描いていって風景を作り出す心理テストにおいて、一〇歳くらいのときに「川が立つ」（山中康裕「風景

図5　風景構成法

構成型V（小学三年男子）

川を境に、左は正面の視点、右は真上の視点からおよその統合がなされている。山の重なり、家の立体的表現が見られる。

出所：高石恭子（1996）より

構成法事始め」）といわれるような、画用紙の上から下へと垂直に流れる川が描かれ、そのために地図のような、はるか高い視点から見下ろした風景が多く生じてくることが知られている。これは対象に密着していた状態から引き離された視点や意識が確立されることを示しており、この年齢くらいに生じてくる自意識と関係している。またこれは自分から離れた視点ができるという意味ではシャーマンや仏教におけるイニシエーションにも類似しているといえる（図5）。

**脱魂——ある事例**

さて、このようなシャーマンのイニシエーションにおける脱魂のモチーフを心理療法における具体的な事例から検討してみよう（河合俊雄「イニシエーションにおける没入と否定」）。

人間関係をめぐるトラブルや進路に関する悩みなどで来談した若い男性のクライエントが、一回目のセッションで次のような夢を報告した。「自分はまだ夢を見ていると思っていた。自分の体は少し空中に持ち上がって、それからまた元に戻ってきた」。

このクライエントは、「部屋に入ろうとしたけれども、すごい力で止められる」などのように、制止される夢もいくつか報告していた。部屋の敷居を越えることはイニシエーションを象徴していると考えられる。するとどうもこのクライエントには、シャーマンの脱魂のようなイニシエーションが生じようとしているけれども、境界を越えていくのを止めたり妨げたりする力が働いていると考えられた。

また家族関係を考えてみると、父親を早く亡くしたクライエントは、母親とその姉によってずっと支配されていた。多くの部族のイニシエーションにおいて、若者は母親から無理矢理に引き離されて、秘密の場所に連れ去られることではじまる。母親と大地的なものとの象徴的結びつきから考えると、夢でベッドから離れて浮いてこないこのクライエントにおいて、大地的なものや母親的なものからの分離を妨げる力が働いていたと思われる。言い方を変えると、このクライエントには、前節のクライエントと同じように男性性の確立という課題があることがわかる。他の夢においても、自分一人と女性三人がいるという組み合わせも多く、女性的なものの力が支配的なことがうかがえた。

ところが心理療法の経過につれて、このモチーフは劇的な変化を遂げる。一〇回目のセッションにおいて、クライエントは次のようなことを報告した。「自分は半分覚醒して、半分夢を見ているようで、ベッドに横になっている。突然自分は重力を失う。そして自分は自分自身を上から観察している。無重力状態である。自分はいい感じだと思う」。

これも夢とも現実ともつかない体験であるのが興味深いが、このヴィジョンにおいて、もはやクライエントは制止されず、自分の体を抜け出して、自分自身を上から観察している。ある種の幽体離脱の体験であろう。彼はシャーマンのように脱魂することに成功したのである。もちろんこれでイニシエーションが達成されたとか、心理療法が終結されたというのではなく、その後も長く続いたのであるが、少なくともイニシエーションにおける分離の課題や、自分を外から見る意識は達成されたと考えられる。このようにシャーマンや仏教の修行僧におけるイニシエーションも、いわばこころの古層として存在していて、心理療法においてイメージやヴィジョンとして生じてくることがある。

## ユングの脱魂体験

自分を離れて、外から自分を見る体験は、自意識の確立のようなレベルから、臨死体験における超越的なものまで、様々なレベルがあると思われる。ここでもう一つ、ユングの体験した脱魂体験のようなものにふれておきたい。一九四四年にまもなく七〇歳になろうとしていたユングは、心筋梗塞のために入院していたときに、意識喪失して譫妄《せんもう》状態になり、自分の体を離れていく。ユングは「宇宙の高みに登っていると思って」いて、「はるか下には、青い光の輝く中に地球の浮かんでいるのがみえ」た。ユングはしばらく宇宙空間にただよい、そこの礼拝堂に入ったりしたが、ヴィジョンの中に入ってきた自分の主治医によって呼び戻され、地球へ、自分の身体へと戻っていったのである。

これは身体や家族との分離や、自意識の確立、男性性の確立というレベルとは異なる、自分の身体を離れて、超越的な世界に至るような体験である。このように心理療法ではイニシエーションにおける脱魂のイメージが生じてくることがあり、それは夢の内容によって様々なレベルでのイニシエーションを象徴しているのである。

## 3　イニシエーションの喪失

**イニシエーションの個人的発見**　イニシエーションは、近代社会においてもはや伝統的な儀式としては失われているかもしれないけれども、心理療法の中で夢などにイメージとして登場して、大いに意味をもつことを強調してきた。これはイニシエーションが共同体の中では重要ではなくなっても、個人の内面やこころの古層ではまだ生きていることを意味する。

ユングがまさに目指したものが、共同体で失われたものを個人の内面でこころの古層として再発見しようというものであったことがわかる。『ユング自伝1』にもあるように、ユングは子どものときの聖餐式で、神秘的な体験を期待していたのにもかかわらず、そこでは何も起こらなかった。「不意に私の番がまわってきた。私はパンを口にした。パンは思った通りまずかった。ぶどう酒はちょっとなめただけだったが、水っぽくてむしろすっぱく、明らかに最上のものではないとわかった」。ユングは、まるでサンタクロースは親が演じていることを見抜いているのと同じように、儀式のからくりに関して全く冷めてしまっていることがわかる。そして数日のうちに、ユングには自分に何も起こっていなかったのだということがわかってきた。イニシエーションとしての儀式は失敗に終わったのである。まさにイニシエーションの喪失である（河合俊雄『ユング』）。

それに対してユングは個人的なイメージの体験として、本来は聖餐式で起こるはずだった神との一体を目指すことになる。たとえば『赤の書』に載っているイメージでは、血まみれになっている少女の体を切り開いて肝臓を取り出してひとかけらを食べることを女性に求められ、吐き気をもよおしながらそれを行い、また別のシーンではぶどう圧搾機で、自らを踏み砕いて、血だらけになる。これは聖餐式での、神の身体を食べることによって神と一体になること、神が自ら犠牲となることであり、それは同時に自分自身を犠牲として捧げることであるという事態のもっとラディカルな表現である。このように儀式として形骸化したり失われたりしているものを、個人の内面におけるヴィジョンや夢の体験として実現することをユング心理学は目指すのである。身体感覚によって、ヴィジョンのリアルさは増しているように思われる。

### イニシエーションと境界

しかしながら、イニシエーションは個人の内面においてもむずかしくなってきているかもしれない。イニシエーションにおいては人格の全面的な変容が生じ、それはしばしば死と再生のイメージで示される。イニシエーションにおける自分自身の身体が解体されるのを見るヴィジョンはその典型である。シャーマンのイニシエーションにおける死の体験は、日常から暴力的に引き離され、秘密の小屋などにイニシエーションを受ける若者が連れて行かれるように、この世ならぬ場所や、死者の国への移行によってなされる。

そのためには、この世とあの世、日常と超越の決定的な区別が存在することが必要である。すでにふれたように、思春期に好発する統合失調症において、「出立の病」ということがいわれ、修学旅行や海外留学を契機に発症することが多かった。思春期というのは伝統社会においては子どもから大人に移行するイニシエーションの時期であり、日常世界から境界を超えて異世界に行くイメージが現れてくると思われる。

### 現代における境界の喪失

ところが、近年において増えている発達障害で典型的に認められるように、絶対的な境界の向こうの異世界というイメージは、現代においてむずかしくなってきている。たとえば、ある発達障害と思われる人は、「宇宙の果てまで飛んでいくと、いつのまにか元の場所に戻っている」という夢を見た（河合俊雄編『発達障害への心理療法的アプローチ』）。あるいは田中康裕は、同書で発達障害の男性の「強力な暗黒の敵と対峙している。悪魔か宇宙人の勢力だ。(中略)敵と対峙しながら町内をぐるぐる廻る。廻る度にタイムマシンで違う時間になる。(中略)どうやら時間移動を繰り返す度に、異なるパラレルな世界に移動しているらしい」という夢を報告している。ここに絶対的に異なる別世界は存在しない。それは恣意的なパラレルな世界であったり、あるいはいつの間にかこの世界に戻ってきたりするように、ぐるぐると回っているだけであって、何の境界も認められないのである。

これは、発達障害という症状だけに特徴的なこととして理解すべきではないであろう。まさに現代において分離の達成が困難である発達障害が増えていることこそ、境界とイニシエーションの喪失によっているのかもしれない。現代において、死んでも生き返ると思っている子どもが増えているという調査結果は、前近代的な世界観が復活してきているというよりは、境界の喪失が関係していると考えられる。

## 境界の喪失の歴史

これには、近年における短期的な傾向ではなくて、長い歴史的背景がある。ギリシア神話におけるオケアノスをわれわれは海の神として理解しているが、それはむしろ川のようなものであったという。古代ギリシャ人にとって、世界はオケアノスという蛇、あるいは川で囲まれているものであって、その向こう側は存在しないもの、いわば非存在の領域であった(ギーゲリッヒ「オケアノスと血液循環」)。つまり境界というのは絶対的な意味をもっていたのである。ところが大航海時代がその観念を打ち砕いたように、世界の果てや境界というのはもう存在しない。マゼランが世界一周を達成したように、境界や向こうの世界というのは消滅してしまい、どこまでも遠くに行くと、一周廻って元に戻るだけである。まさに先に紹介した発達障害の人の夢のように、宇宙の果てまで飛んでいったとしても、元の位置に戻るだけなのである。

イニシエーションの喪失は、あの世や死者の世界の消滅とそこに至るために越えるべき境界の喪失だけではなくて、子どもと大人の間の境界という時間的な境界の喪失によっても認められる。発達障害の人は、自他の分離ができにくく、親子の分離ができていない人が多い。しかしこれは単に発達障害の人だけではなくて、現代において一般的に、子どもと大人の境界は曖昧になってきている。社会学の研究や調査が指摘しているように、世代間の対立や葛藤は弱まり、世界観は接近し、同じアイドルを共有する親子も増えている。まさに「大人になることのむずかしさ」（河合隼雄）の時代なのである。

このように人間存在や発達にとって決定的な意味をもってきたイニシエーションは危機を迎えている。しかしながら、心理療法の過程が示すように、何らかの形でのイニシエーションが必要なのも事実なのである。

# 第5章　こころと論理

## 1　アリストテレス論理

### 論理とこころ？

論理（ロゴス）は、しばしば感情（パトス）と対立し、したがってこころの介入する余地のない世界を構築している要素や原理、あるいは少なくともこころから非常に遠いものとみなされがちである。「論理で押し切る」という表現が、気持ちを無視した論理の特徴を如実に示しているかもしれない。もちろん子どもがどのように認知機能や論理を獲得していくかという視点からはこれまでにおいても論理は心理学にとって重要であった。しかしここで問題にしてきているようなこころの古層や深層とは論理は無縁のものとして通常は考えられている。ただしそれは、ロゴスについてのわれわれの理解が狭く、西洋哲学や近代の論理だけに限られているためであって、広い意味で捉えられた論理は、まさにこころの古層と歴史に関わっていることをこれから示していきたい。

## アリストテレス論理

その前にまず、西洋近代の論理の特徴とさらにはそれの限界を示しておくことが必要であろう。近代の科学と法的な現実を支配している論理は、アリストテレスから出発している⑴同一律、⑵矛盾律、⑶排中律である。形式論理的に表現すると、同一律とは「AはAである」、矛盾律とは「Aは非Aでない」、排中律とは「AはBか非Bかのいずれかである」となる。中沢新一はその三つを、「同じものは同じ」(同一律)、「肯定と否定は両立しない」(矛盾律)、「事物は分離できる」(排中律)としている(国際分析心理学会講演「こころのレンマ科学」)。排中律については、中間項や第三項の排除を説明として付け加える方がよいかもしれない。

たとえばパスポートなどの身分証明を考えてみよう。それは「私は私である」という同一律がないと成立しない。いろいろなパスワードによる本人認証も、「私は私である」という同一律に基づいている。

またある商品を買うと同時に買わないとか、何かの会が開催されると同時に開催されない、それに出席すると同時に出席しないなどということはありえない。会議の定足数などを考えても、法的なことが矛盾律を基本にして成り立っていることがよくわかる。そうでないと不正や詐欺などが簡単にできてしまうであろう。

イギリスのヨーロッパ連合（EU）離脱の賛否のように、国民投票を行った場合に、結果は賛成か反対かのどちらかであって、その中間や、別のものはない。これが排中律である。もっともアンケート調査においては、賛成するか、反対するか、どちらでもないか、というように第三項が排除されずに盛り込まれていることが多い。しかし実際の投票は排中律に基づいている。そうでなければ政治は成り立たないであろう。

## 心理療法とアリストテレス論理

ところが、心理療法を行っていると、この三つの論理はたちまち疑問に付され、通用しなくなるのである。たとえば「私は私である」という同一律の命題を考えてみよう。これはまさにエリクソンが重視したアイデンティティ、自我同一性に関わる。しかしエリクソンが青年期におけるアイデンティティ拡散や、モラトリアムということを指摘したように、私は私であるという同一律は揺らぎやすく、青年期を過ぎてはじめて確立されるようなのである。

アイデンティティの揺らぎどころか、すでに取り上げたように解離性障害という症状になると、私はたやすく私でなくなってしまって、全く別の人格となって振る舞うことがある。交代してしまった人格のことを、元の人格は全く気づいていないこともある。さらには解離性障害でなくても、われわれでも夢の中では、今の自分とは異なる幼い頃の自分になってしまっていたり、現実の自分以外の人物になっていたり、時には動物や宇宙人になっていたりすることがある。男性が女性になったり、女性が男性になったりということも、夢ではしばしば認められることである。このように同一律はたやすく揺らいでしまう。

同一律だけでなくて、こころの世界においては矛盾律も通用しないことが多い。いわゆる境界例といわれる人に典型的であるけれども、クライエントに明らかに肯定と否定の気持ちが同時に存在することはしばしば見受けられる。だからこそセラピストを賞賛していた数分後に、罵倒しはじめるということが起こったり、ポジとネガが入り混じった「アンビヴァレンス」という気持ちが生じたりする。河合隼雄が「心の中の勝負は51対49であることが多い」と述べているように（『こころの処方箋』）、そもそもこころの論理に矛盾律は当てはまらず、肯定と同時に否定が存在しているのが普通なのかもしれないのである。

それでは排中律はどうかというと、近年増えている発達障害、あるいは発達障害的な心性をもった人たちは、何かを選択することが困難で、自他の境界など、様々な境界が曖昧である。すると「事物は分離できる」という論理が働いているかどうか疑わしい。さらには、排中律の第三項の排除、中間項の排除という特徴に着目すると、そもそもユング派の心理療法が、排中律から外れていることになる。というのも論文「超越的機能」（Die transzendente Funktion）（全集8巻）の中でユングが書いているように、超越的機能とは意識的な内容と無意識的な内容の結合である。意識的にはAで、無意識的にはBという状況のときに、AでもBでもない、あるいはAでもBでもある第三項を象徴やイメージとして生みだしていくのがユング派心理療法の肝なのである。

排中律「ＡはＢか非Ｂかのいずれかである」を超えるというのは、ユング派に限らず、心理療法全般に通じることだと思われる。心理療法において、Ｂも非Ｂもどちらもダメということはよくあることである。たとえばクライエントが一週間は待てないので、電話に出てほしいと要望したとする。電話に出るのは、クライエントには決められた時間にしか会わないという心理療法の構造を破っていて、治療のプロセスに悪い影響が出る可能性がある。かといって電話に出ないと、クライエントは死んでしまうかもしれない。かくしてＢでも非Ｂでもないという状況で、答えを見出さねばならず、それは論理のレベルで考えると、即ち排中律を超えることになるのである。

## 場所の論理

このように心理療法で出会うこころの現実には、アリストテレス的な論理が当てはまらないことが多い。それについては、これは病理的な場合だからであって、前提とされる論理が崩れているだけであるという見方もできるかもしれない。しかしすでに示唆したように、こころの論理とは、そもそもアリストテレス的な三つの論理とは異なるものではないだろうか。

たとえば中村雄二郎は、「私は処女です。聖母マリアは処女です。だから私は聖母マリアです。」という三段論法による統合失調症者の妄想を取り上げて、これは主語的論理、あるいは主体の論理からすると矛盾しているけれども、処女という述語による媒介という「述語的論理」や「場所の論理」からすると成立することで、その論理は様々な象徴作用や創造活動に認められるとしている（中村雄二郎『西田哲学の脱構築』）。

するとアリストテレス的な三つの論理に沿わないような、心理療法で生じてくる事象も、異なる論理、こころの古層における論理として考えられるかもしれないので、それを探っていきたい。

## 2　神話の論理

われわれの現実、特に法的な現実を支配しているのはアリストテレス的な論理である。しかし統合失調症者の妄想に関する中村雄二郎の「述語的論理」という解釈は、心理療法の直面する様々な現象が、論理からの逸脱や崩壊として理解されるべきではなくて、むしろ別の論理として捉えられる可能性を示唆している。そこにこころの古層の論理が関係しているのである。

### 対称性の論理

中沢新一は、科学が二項対立によるアリストテレス的な論理によって成り立っているのに対して、神話の思考は二項対立を用いつつも、異なる論理に基づいていることを指摘している（中沢新一『対称性人類学』）。たとえば人間と山羊は区別されているはずであるのに、神話の中ではその区別が超えられ、「A（人間）は非A（山羊）でない」という矛盾律がくつがえされる。

北米北西海岸におけるトンプソン・インディアンの神話「狩人と山羊」では、若い狩人が一人の美しい女に出会い、誘われて洞窟の中に入る。そこでは山羊が大きな家族のように暮らしており、妻となった女に山羊の毛皮を渡されて雄山羊に変身した若者は、妻をはじめ、多くの雌山羊たちと交わる。それがすむと、妻であった雌山羊は次のように話して若者を人間の世界に戻す。「あなたは立派な狩人ですが、雌山羊はあなたの妻で子どもを生むのですから、撃ってはなりません。あなたの子孫でしょうから、子山羊も殺してはなりません。雄山羊たちだけを撃ちなさい。そして彼らを殺しても、彼らは本当に死んだのではなく、肉と毛皮はあなたが取りますが、本当の彼らは家に帰るのです」。

ここにおいて、人間と山羊は確かに区別されている。しかしその区別は、やすやすと超えられていき、またそこには交わることで人間と山羊の間に感情的なつながりが生まれている。中沢新一は、区別する非対称性の原理に対して、これを「対称性の原理」と呼んでいる。この連関では、対称性の論理と呼んでもよいかもしれない。さらにこれは、人間と山羊との間の区別だけでなくて、生と死の区別も超えていくのである。

### 不安夢と矛盾律

これは神話の中だけの前近代の世界における荒唐無稽な話であって、現代においては通用しない論理と思われるかもしれない。しかしそれはこころの古層として生きていて、心理療法の現実に現れてくる。たとえば不安障害の人、思春期危機の人などに、犬、猛獣、ゾンビなどに追われる悪夢がよく見られる。これはまさに自我が無意識の力に脅かされている、不安な状態をイメージにしているともいえるし、見方を変えれば、自我をAとして確立し、固定しようとするがために、非Aが犬や猛獣のイメージとして現れて、Aを脅かしているとも理解できるのである。

これに対して不安を低減しよう、自我を脅かしている猛獣などを排除しようというアプローチがある。これはAと非Aを峻別する矛盾律、あるいはアリストテレス的論理に基づいているといえよう。薬によって不安を低減したり、認知行動療法によって不安をコントロールしたりしようというのがこれにあたる。非Aを排除してしまい、Aだけの同一律を保とうというわけである。

それに対してユング派の心理療法が目指すのは、犬や猛獣として現れてきている異質の他者である非Aを、脅威として排除するのではなくて、それにはこれまでの意識Aにはなかった要素が含まれているので、それとつながることによって、こころを全体としてより豊かにしていこうとするものである。したがって、猛獣に追われて逃げていること自体がすでに猛獣との関係であるし、セラピーの経過とともに、猛獣と親しくなっていったり、時には神話における狩人と山羊の関係のように、お互いが結ばれていったりすることとすらあるかもしれない。あるいはアルテミスとアクタイオンの神話で、鹿の姿に変えられたアクタイオンが自らの猟犬によってズタズタにされるように、極端な場合に猛獣に殺されてしまったり、逆に猛獣を殺したりすることさえ結合のイメージかもしれない。いずれにせよAは非Aでないという矛盾律は克服されようとする。

## 異類婚

このように違いと矛盾を克服して動物と結ばれることは、神話や昔話の領域で「異類婚」と呼ばれているものである。西洋においてよく知られているものとしては「美女と野獣」やグリム童話の「蛙の王様」の物語がある。これはまさに先の「狩人と山羊」の神話の中で展開されたものにほかならない。つまり動物、異類は異なるものにとどまり続けるのではなくて、人間からそれへの境界は超えていかれて結婚として成就し、神話の論理が成立する。

これについては、非西洋の地域では、トンプソン・インディアンの場合のように、人と動物が結婚する話になるし、西洋の場合には、動物に変身させられていた王子などが、課題を克服して人の姿に戻って結婚することが多い。それに比べて、河合隼雄は日本の昔話において、人と異類とは、たとえば「鶴女房」や「亀姫」の物語において、すぐに一緒になるけれども、最後に別れることになるのを見出し、そこに結婚という倫理的解決ではなくて、去っていく別れの美しさという美的解決が認められるとした（河合隼雄『昔話と日本人の心』『日本人の心を解く』）。

## 結合と分離の結合

河合隼雄の取り扱った日本の昔話は、Aと非Aが単純につながるのではなくて、分離や別れの重要性を指摘しているともいえよう。山羊の物語に関連して中沢新一が「分離すること」と「絆をつくりだすこと」のバランスと呼んでいるように、差異がありつつつながることが大切である。

だから心理療法において、恐ろしい人が夢に登場しても、すぐにその人が怖くなくなってしまったりする場合に、治療的な変化は生まれにくい。それは単なる空回りに終わる。これも最近の心理療法に多く認められる傾向である。しかし矛盾律を超えるためには、まず矛盾を認め、対立することが大切である。ル＝グウィン作『影との戦い・ゲド戦記1』で、主人公のゲドは、影と戦っていく。そして最後にその影が自分自身であることを見抜き、「ゲド」と呼ぶことによって影と統合する。もしゲドが、影が最初から自分自身であると気づいていたら、対立も生まれず、何の成長もなかったであろう。

まさに結合に論理の問題があるからこそ、晩年のユングは、錬金術を通じて、「結合」を「結合と分離の結合」として捉えて取り組んだのである。つまりそれは単純な結合ではなくて、結合と分離の両方の要素を含んでいるのである。

## 3 中世と論理

### 神話の論理と近代主体

神話の論理においては、「Aは非Aでない」という矛盾律が超えられていて、だからこそ人間が非―人間である動物と交わる異類婚が成立したり、この世とあの世の境界を超えていったりすることが可能になる。またこれは、ユングが夢にイメージとして現れてくる異性像などとの結合を追究したことにも通じると考えられる。

ユング派の心理療法において、最初は不気味な人物や、どう猛な犬などとして箱庭や夢に登場したものが、面接を重ねるうちにクライエントにとって受け入れられるイメージに変容していくプロセスがしばしば報告されている。そして結婚のイメージも生じてきたりする。これは自分と自分でないもの、Ａと非Ａとの矛盾を超すことである。するとユング派の心理療法では、まさにこころの古層にある神話の論理が現代においても実現していると考えられるのであろうか。

これはそう簡単に言い切れないと思われる。というのも、心理療法は近代主体や個人を前提にしており、その意味では明瞭にアリストテレス的な主語的論理に基づいている。つまり主体を立てることによって、その個人としての主体のことを考えていったり、変えていったりする。それは主体の閉じられた内面をイメージとして扱うユング心理学でも同じである。

## 錬金術と否定

神話の論理と近代主体との間にギャップがあることに気づいていたので、ユングは、神話と近代をつなぐものとして、その中間にある中世の錬金術に傾倒したと思われる。現代における化学の前身とも考えられる錬金術では、神話と同じように「結合」が問題となる。化学でいうならば、化合になろう。しかしそれは単純に境界や区別を超えていく結合ではなくて、そこに必ず「否定」や「逆説」が入ってくる。たとえば錬金術師たちは、「石であって石でない」とか、「われわれの求める金は通常の金ではない」などと述べているように、そこには否定の論理がある（ギーゲリッヒ『魂の論理的生命』）。

神話的な世界において、あの世への境界は文字通り超されたり、実際に金が生み出されたりする。そこに否定の作用は入っていない。たとえばトンプソン・インディアンの神話においては、狩人は簡単に山羊と交わることができた。また日本の昔話「炭焼長者」において、五郎の焼く炭竈には、実際に金が入っている。ところが、錬金術師が「通常の金ではない」というのは、錬金術によって実際に金がつくられるのではなくて、それはあくまでもイマジネーションの産物なのである。

だからこそユングは、錬金術に心理学的なプロセスを読み取ったと思われる。つまり錬金術は実際の金をつくるのではなくて、金はあくまで錬金術師のこころの中でイマジネーションとしてつくられる。つまり現実とイマジネーション、表層と深層の区別があるのである。このレベルの違いを関係性においてモデル化したのが、『転移の心理学』における図6のような、現実で表層の男女のペアと深層におけるペアを区別した「結婚の四位一体性」である。つまり結合が生じるのは、現実の錬金術師とその女性の助手である「神秘の妹」との間においてではなくて、それから区別されたレトルトなどの器の中での王と王妃との間の結合が問題になる。つまり現実の、意識のレベルの錬金術師と女性の助手の関係には否定が入って結合はなされず、レトルトの中、王と王妃の関係という無意識のレベル、象徴のレベルで結合が生じるのである。それを媒介するものとして、錬金術師と王妃、女性の助手の「神秘の妹」と王との関係が大切になる。実際の心理療法に置き換えてみる

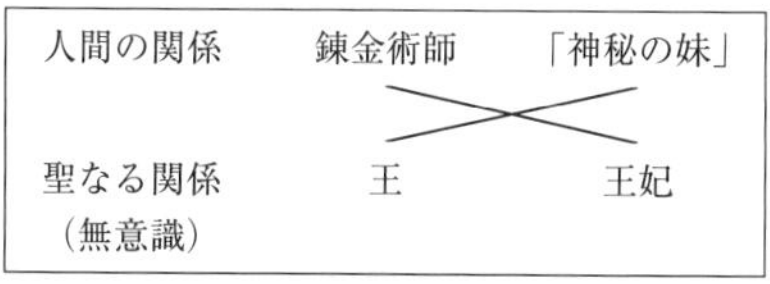


**図6　錬金術の結婚の四位一体性**

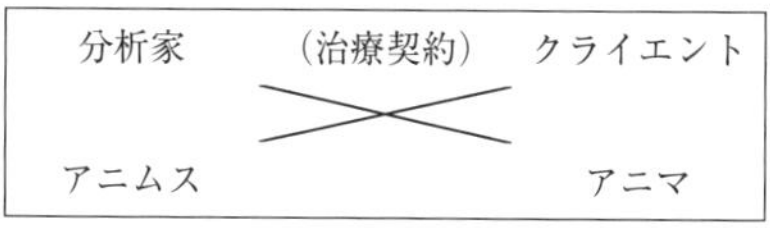


**図7　心理療法の結婚の四位一体性**

と、分析家（セラピスト）とクライエントとの間の直接的な関係を治療契約によって禁止する代わりに、異性像としてのアニマやアニムスとの関係がそれぞれ生じてくるのである（図7）。

まさに否定という論理による区別が入ることによって、内面や心理学という近代的なものへの通路が開けたのである。心理学においては、否定の論理が大切である。精神分析の強調する禁欲原則とは、現実的なアドヴァイスなどによって、クライエントの欲求を現実的に満たすことを避けることによって、心理的に洞察を深めたり、問題の解決を探ったりするためのものである。またフロイトが「快楽原則の彼岸」で示したように、現実の母親が存在しないことによって、母親のイメージがこころの中で内在化するのである。すでに巡礼に関して取り上げたアトピー性皮膚炎の男性の事例では、超越に達せられないという否定を通して、超越との関係が逆説的に生じてきて、症状の改善がもたらされた。

これに対して、日本で箱庭療法が盛んであることに関連して述べたように、日本では西洋ほど否定の作用が歴史の中で確立されてきていないように思われる。それはたとえば自然を完全に否定してしまわず、単に自然をミニチュア化するようなマイルドな否定として働き、中世における庭園、生花、茶道などの芸術や美的な道を生んできた。西洋の中世で錬金術という論理や否定が際立ち、それが近代の科学や心理療法につながっていったのとは違って、それほど否定や論理が重要でないように思われる。そしてミニチュア化のほかに、芸術においてスペースを埋め尽くすのではなくて、空白や隙間を大切にし、消え去る、欠けるというところにマイルドな否定の入った美意識を生んできたのかもしれない。

## 日本の中世と論理

確かに論理が際立たないところが、美的であり、自然を否定しない現代の日本の心理療法の特徴にまでつながっているようではあるけれども、日本の中世においても、否定や逆説などの論理が導入された点も指摘しておかねばならない。

その一つがすでに憑依現象に関連してふれた鎌倉時代前期の華厳宗の僧、明恵である。明恵は日本の僧には珍しく、戒を一生守ったことで有名であるが、河合隼雄も注目しているように、夢においては善妙という女性像とのつながりを成し遂げている（図8）。これは錬金術において、現実での男女の関係を否定して、王と王妃の結合を目指したこと、あるいはユングがそれを結婚の四位一体性として捉え直して、心理療法においてセラピストもクライエントも直接つながるのではなくて、

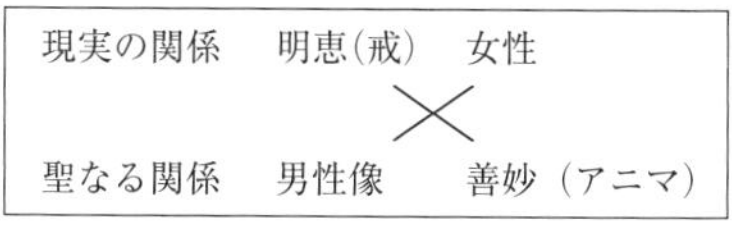


図8　明恵と善妙の関係

それぞれの異性像とつながることが大切であるとしたことに通じる。

また別の典型的な例は親鸞であろう。中世において、いくつもの新しい仏教の宗派が成立した。それはまさに人々の意識が変わりつつあったことと関連していると考えられる。その中で興味深いのは親鸞の言説である。たとえば有名な「悪人なほ往生す。いかにいはんや善人をや」は逆説にほかならない。これは神や仏への素朴なアクセスが失われたからこそ、否定や逆説という論理を介さないと近づけなくなった時代性と当時の人が獲得しつつあった意識に関連していると思われる。

そのような見方からすると、阿弥陀仏は「ひとへに親鸞一人がためなり」と語ったのは、まさに近代人のようにも思われる。日本の中世にも論理の萌芽があること、母性的な宗教を開いたと考えられる親鸞に論理と近代性が認められるというのは興味深いことである。

## 4　仏教と古層の論理

### レンマの論理

心理療法や神話において、アリストテレス的な論理でないこころの古層の論理が現れてくることを指摘したが、前節で親鸞の例を引いたように、これを自覚的に発展させ、論理として洗練させたのが、仏教であると思われる。西洋のアリストテレス的論理は、同一律、矛盾律、排中律で成り立っていて、その中には肯定と否定しかない。しかし中沢新一が『レンマ学』で指摘しているようにナーガールジュナの著作などを見ても、肯定と否定のほかに、「否定でも肯定でもない」と「肯定にして否定」という論理的道具が加わっている。まさにこれはこころの中はいつも51対49という、肯定でも否定でもない状況を表していて、アンビヴァレンスなどの心理療法において見られるこころの状態にも対応できる論理である。これを受けて、鈴木大拙は大乗仏教の本質として「即非の論理」を強調したが、これは「Aは非Aであり、ゆえにAである」ということで、アリストテレス的論理を超えている。その意味で日本に伝わってきた仏教は、これまでの日本のこころの古層を駆逐したり覆い隠したりしたというよりは、むしろそれにフィットする哲学や論理を提供したといえよう。

中沢新一は、大乗仏教における論理をロゴスに対立する「レンマの論理」や「レンマ学」として探求している。ロゴスが区別し、整理するという意味をもっているのに対して、レンマとは「まるごと捉える」という意味だそうである。同一律を解除すると「同じままであるものはない」となり、矛盾律を解除すると「肯定と否定は両立する」という認識が拓かれ、排中律が解除されると「あらゆる事物は分離することができない」となり、「あらゆる事物はつながりあっている」となる（中沢新一「こころのレンマ学」）。

### 華厳経とフロイト

これを特に洗練させたのが、『華厳経』であろう。心の全領域である「法界」は、『華厳経』によると次のような四種の内部構造をもっているという。

（1）事法界《じほうかい》　個々の事物が対立し、区別されている世界。
（2）理法界《りほうかい》　事物の違いはそのままでも、奥に無であり、エネルギーであるような同じものが存在している。
（3）理事無礙法界《りじむげほうかい》　理と事とが貫きあい、無から事が生じている。
（4）事事無礙法界《じじむげほうかい》　理と事ばかりでなく、事と事とが相即相入している。

興味深いのは、中沢が理事無礙法界をフロイトの理論に、事事無礙法界をユングの理論に関連づけているところである。フロイトの無意識の考え方は、「理」としての心的エネルギーが「事」としてのことばとして生じてくることで、その時に行われる圧縮や置き換えは、しばしば同一律や矛盾律を超える。たとえば夢の中の女性は圧縮され、母親でもガールフレンドでもあったりする。あるいはスーパーマーケットが怖いというクライエントに会ったことがあるが、父親が怖いというのがスーパーマーケットに置き換えられているとして考えると症状が理解できるようであった。このように「理」から「事」への転換が、夢や症状として生じてくる。

### 華厳経とユング

それに対してユングの心理学では、事事無礙法界の世界が問題にされる。事事無礙法界では、同時であることと別々であることがともに具わって現れるが、これはまさにユングが「共時性」の概念で追究しようとしたところである。また「イメージは全てを自分のうちに含んでいる」（ユング『アイオーン』）という考え方も、一つのイメージが全宇宙を含んでいるということで事事無礙法界の世界に通じる。

仏教はこころの古層を論理として捉えようとしたが、それは現代の深層心理学の理論にも当てはまることがわかる。またそれは病理としても、その治療や癒しとしても現れてくるのが興味深い。事事無礙法界の世界は、否定的、あるいは病理的に現れたときには、発達障害における分離や区別のない、主体性のない世界であろう。分離のない世界が極端になると、世界が全く分節化されず、言語も生まれてこない。しかしこれは同時に、ユングが追究したような究極の結合とも考えられ、また河合隼雄におけるこころの「中空構造」にもつながっている。

## 仏教の論理と科学

仏教の論理は、こころの古層に属するように述べてきたが、中沢がレンマ科学という表現も用いるように、量子力学、創発の理論、さらに数学など、現代の最先端の科学に通じるかもしれない。そうすると、われわれはエビデンスベーストや認知行動療法などの、いわばアリストテレス的な論理による科学観に支配されているけれども、全く異なる科学から、こころを捉え直し、新しいこころの科学を構築する可能性が生じてくるかもしれない。

さらには、現代社会におけるこころのあり方を考えると、近代主体のようなAと非Aを区別して選択する論理から、Aでも非Aでもなかったり、Aでも非Aでもあったりするあり方が増えてきているように思われる。その意味で仏教の追究した論理は、こころの古層を捉えたものであるだけでなくて、現代の科学にも、こころの最先端にも通じるかもしれないのである。

# 第6章　夢とこころの古層

## 1　夢の再発見

### 極端な経験と夢

これまでにおいて、たとえば動物霊や死者の霊が憑依し、いつもとは全く異なる人格になってしまう、森羅万象に魂が宿っているというアニミズム的な感覚をもつ、イニシエーションにおいて魂が身体を離れて浮遊し、天空をさまようことができる、同一律、矛盾律、排中律というわれわれの現実を支えているアリストテレス的論理が通用しなくなるなど、様々なこころの古層で生じる極端な現象や特徴を取り上げてきた。そうすると、私が特に心理療法での経験に基づいて書いているところがあるので、それらは特殊な人だけに出現する異常で病的なこころのあり方に思われたり、現実にはあまりありえないことのように感じられたりしたかもしれない。

ところが、現実では起こりえないような、こころの古層の極端な現れのような現象が、たいていの人にも身近に感じられ、体験できるのが夢であると思われる。たとえば夢でシャーマンが行うように、空中を浮遊した体験をもつ人は多く、特に子どもの頃の夢でそういう体験をしたことがない人の方が少ないのではないであろうか。夢の登場人物が父親であって上司のようでもある、二人の特徴の入り交じった人であったり、あるいは夢の中の上司が、いつの間にか夢の経過の中で父親に変わっていたりしたなどという体験のある人は多いのではないだろうか。夢の中で、今は大人であるはずなのに子どもに戻っていたり、異性になっていたり、それどころか動物になっていたりした経験のある人もあるのではなかろうか。これらの体験は、同一律や矛盾律をいとも簡単に超えているものである。夢の中で自分が死んでしまったり、逆にすでに亡くなった人が登場して驚いたり、あるいは亡くなった人に何の違和感もなく接したりということもある。夢では生と死の境界も簡単に超えられてしまう。そのような意味で夢においては、特殊に思えるこころの古層の特徴が現れてきやすい状態であると思われる。

## 夢のむずかしさ

様々な心理学や、社会学、哲学など、こころに関連する領域の専門家たちに心理療法で生じてくることを説明すると、それは特殊な出来事であっても、理解してくれる人も多くいる。ところがこれまでの経験から、夢に関しては、なかなか理解してもらいにくいように思われる。まずは夢の重要性というのがわかってもらいにくい。そもそも夢をあまり覚えていないという人が多い。また荒唐無稽なことが生じてくる夢に意味があるとか大切であるとかいうのが理解されない。科学的心理学においては、ロールシャッハ・テストをはじめとして、いわゆる投影法というのが、妥当性のないものとして排除される傾向がある。すると夢というのはそれよりさらに妥当性のない非科学的なものに思えるので、ますます科学的な傾向の強まる現代において夢の重要性がわかってもらいにくく、科学的なアプローチからほど遠いように思われるのは当然のことかもしれない。いくら心理療法で報告された夢から研究しようにも、それはあくまで報告された夢であって、実際の夢とは違うかもしれないなどと、様々な方法論的問題が生じてきてしまう。

さらには、夢に関してはそれぞれの人の個人的な経験が基準になってしまいがちである。心理学全般の宿命として、その専門性が尊重されにくく、何らかの形で自分の体験があるためか、誰もが知っていて、自分の考え方が正しいような気になりやすいという問題がある。つまりたとえば物理学や生物学ならば、それぞれの分野の専門家による研究や発表に対しては、その専門性と研究成果が尊重されて、個人のいわば偶然の体験や主観的発想から評価したり、コメントしたりということは考えられないであろう。しかし心理学のテーマに関しては、誰もが自分が知っていて専門家であるように思って、コメントしてしまいがちである。

夢に関しては、他人の経験が知りにくいこともあって、その傾向がもっと極端に示されるように思われる。セラピストとして様々な人から夢を聞いている立場にあって、さらにはスーパーヴィジョンや事例検討会を通じて多くのセラピストの報告する夢に接して、ある程度相対化できている者からすると非常に驚かされる。それは逆にいうと、われわれが文化として共有されているような夢の理解の仕方を失ってしまったことに起因しているかもしれない。後にふれることになるが、それぞれの時代・文化において、夢をどのように考えるかについては、ある種のコンセンサスが存在していた。だからこそこころの古層の現れとしての夢の内容を考え、さらには時代や文化をたどって、夢がどのように捉えられていたのかを知ることは、夢を共有し、正しいアプローチを見つけていくために重要なのである。

### 夢とこころの古層の復権

エレンベルガーも示しているように、ヨーロッパにおいても、啓蒙主義や科学主義への対抗勢力のようにして、ロマン派などにおいて夢が重視されることはあったが、それは次第に背景に退いていったといえよう。フロイトが『夢判断』を一九〇〇年に出版したように、近代の深層心理学は、夢をもう一度大切なものとして捉え直し、評価しようとした。それは特にユングにおいて顕著である。そしてこころには、親子関係をはじめとする過去に体験した出来事だけではなく、個人の体験を超えた無意識が存在していて、それが夢などにイメージとして生じてくるという仮説をユングがもっているからこそ、こころの古層の現れとしての夢がユング派の心理療法においては非常に重視されるのである。

その意味でユングの夢についての考え方は、こころの古層の復権のようなものである。しかしながらそれは、歴史上における夢の捉え方と異なる、極めて現代的なものでもある。これからしばらく、夢とこころの古層について考えていきたい。

## 2　夢と歴史性

### 夢の変わらなさと歴史性

前節において、自分と違う人格になったり、それどころかあの世と行き来したりするようなこころの古層の現象は、現実にはありえないように思われるけれども、夢なら違和感なく体験できることを指摘した。その意味で、夢においては時代の変遷にもかかわらず、こころの古層が変わらずに保たれていることになる。

しかし昔に比べて意識のあり方が変化していっても、夢の内容自体は変化せずに全く昔のままであり、夢の捉え方や見方も昔と同じなのであろうか。夢には変わらずにこころの古層を常に反映しているという側面と同時に、歴史とともに大きく変化していったという側面がある。特に夢に対する態度は、時代とともに大きく変化していって、西洋では啓蒙主義や科学主義の台頭とともに、夢を重視する見方は歴史的に次第に小さくなってきている。それに対抗して、再び夢を重視しようとした運動がロマン主義であり、またその延長線上にある深層心理学であるといえよう。

## 中国の歴史と夢

興味深いのは、このような夢の見方の歴史的変化は、科学技術の進歩を成し遂げ、それに伴って大きな意識の変化が生じてきた西洋だけに限られているのではないことである。たとえばお隣の国の中国では、張競著『夢想と身体の人間博物誌』によると、古代においては史書に夢の記述が多くなされていて、夢の内容が現実になる話が多いという。これは夢と現実が直結している状態だと思われ、柳田國男の『遠野物語拾遺』に記述されている、夢と現実が対応している様々な例に近い。人類の元々の夢に対する理解は、あまり現実とは区別されず、現実につながっていたと推察される。またこれだけ夢が現実に直結し、いわば現実を予言しているからこそ、古代中国において夢占いは、重要な統治手法の一つであったという。

前掲書に印象深い例がいくつも引用されているが、ここでは一つだけを取り上げたい。春秋時代の魯の国に声伯という人物がいて、紀元前五七三年の冬に連合軍が鄭を包囲しようとしたとき、魯の軍隊を率いていた。しかし鄭が援軍を得たために各国の軍隊は攻撃を諦めて引き上げるが、撤収の前に声伯は不思議な夢を見た。「洹《えん》という川を渡ると、見知らぬ人にむりやり宝石を食べさせられた。悲しくなって泣くと、涙が宝石となって胸のところに一杯たまった。感極まって『洹水を渡ると、宝石を贈ってくれた。帰ろうか、帰ろうか、宝石は胸いっぱいだ』と大声で歌った」。古代では死者の口に玉や宝石を含ませる習俗があるので、この夢は死を意味するようであったが、声伯はあえて帰国するまでこれの夢占いをしなかった。そして本国に軍勢を率いて戻ってようやく夢占いをしてもらうと、その夕暮れに声伯はあっけなく亡くなってしまったという。

この話では、もちろん死者の口に玉や宝石を含ませるという習俗や儀式を通してではあるけれども、夢の内容と現実が直結している。そこには、宝石や宝石を口に含む行為が他のことを意味するかもしれないというイメージの多義性が認められない。またたとえそれが死の儀式であったとしても、その儀式や死が夢見手である声伯に何を意味しているか、なぜ宝石というイメージを夢が選んでいるかという象徴性という考え方が存在しない。というのも心理療法で報告される死の夢や死に関係する儀式の夢が教えてくれるように、「死」ということが、人格の根本的な変化などを象徴し、必ずしも実際の死を意味するとは限らないからである。たとえば、母親が亡くなる夢を見たら、母親が実際に亡くなることを意味するのではなくて、むしろ自分の母親像の根本的な変化や、母親との関係の変化を意味することの方が多い。それに対して、ここでは死そのものを意味している。

この話は印象的で、死を意味する夢と実際に声伯が亡くなるという現実が対応するところは、まさにユングが共時性として取り上げた現象に関わっているけれども、このような出来事が決して例外的なものでないことは、中国古代の様々な史書が示してくれているようである。また声伯が宝石を食べさせられる夢を見たらすぐ亡くなるなどのように、夢がすぐに現実につながったのではない。夢を見た本人にはなんとなくその意味がわかっていたのにもかかわらず、夢占いをすることではじめて夢の内容が現実となるのも興味深い。これは心理療法において、夢が語られ、他者やコミュニティと共有されることの重みを示唆しているように思われる。語られない夢、共有されない夢は、現実化されないのであろう。

## 否定的な夢と変化

この夢もそうであるが、古代中国の史書や小説においてよい夢はほとんど出てこないという。だから人々は夢を恐れていた。そのために漢代の人たちは夢を食らう動物に憧れていた。これが後に日本では、獏という想像上の動物が夢を食べて眠り手を守ってくれるということになる。ところが時代が下って唐代になると、文人たちは夢を怖がらなくなる。そして夢を語り、夢の世界を詩や文章に描くことを楽しむようになったという。夢は怖さやリアルさを失って、空想の産物となっていくのである。あるいは詩や文章に描かれるということは、夢が直接性を失って、象徴化されていることを意味する。

このような中国における夢の歴史的変化のプロセスも、中国だけに限ったことではなくて、ある程度普遍的なものではないかと思われる。折口信夫は「古代生活の研究」（『古代研究』）の中で、「宝船」と「初夢」の関係について述べている。元々宝船は、節分か除夜に使われて、床の下に敷いて寝た、船の画を刷った紙のことで、翌朝集めて流したり、埋めたりされたそうである。つまりこの船は悪夢を積んで去る、依代のようなものと考えられていた。

それが室町の頃に文字通りの宝船に変わり、初夢をもたらすよいものとして迎えられるようになった。ここにも、夢の否定的な面や忌むべき面が古代において際立っていたのに、後の時代になると、むしろ楽しいことをもたらすもののように考えられて、変化していく傾向がうかがわれる。夢の歴史的な変遷としては、現実に直結したもの、否定的なものからより媒介されて象徴的なもの、肯定的なものに変わっていく一般的なプロセスが考えられるのである。そしてこれは個人の発達に伴う夢の変化にもある程度対応しているかもしれない。

## 3　中世と夢

**夢の歴史的変化と個人の発達**

前節において、夢の捉え方がいかに歴史的に変化してきたかを、中国の例を用いて説明し、日本にも対応するような変化があることがわかった。古代において現実に直結していて、恐るべきものであった夢は、むしろ現実に脅威を与えずメタファー的で、楽しいものに変化していき、それは日本の宝船の例などからしても、普遍的な歴史の流れのように思われる。またこれは、子どもから大人へとこころが成長していく過程にも似ているところがある。小さい頃から繰り返し見ていた悪夢のような夢が、いつしかあまり脅威的なものではなくなり、むしろ楽しみになっていったという報告はしばしば聞くことである。

たとえばある友人の小さいころから見ていた悪夢に、光の球に追いかけられるという夢がある。

友人は何度も、光の球に追いかけられる夢を見て、最後は洞窟の中に逃げ込もうとし、それでも光の球が追いかけてきて、パニックになって目覚めるのであった。ところが年齢を重ねて、大人になっていくにつれて、友人は、光の球が決して自分に追いつかないということに夢の中で気づくようになってきた。そして夢の中で光の球に追われても、パニックに陥らず、むしろ追いかけられていることを楽しむようになっていったという。これも脅威を与えていた悪夢が、むしろ楽しみのようになっていく例である。

ついでにこの夢について述べておくと、これも広い意味での追跡夢に入る。思春期に追跡夢がよく見られるように、これまではっきりとしなかった自分を確立しようとするから、それを脅かすものが生じてくるのであって、前章の論理についての用語を用いると、Aを立てようとするから非Aが生まれてきてAを脅かそうとする。ただし脅かすものは、典型的な追跡夢や不安夢における動物や暴漢ではなくて、ここでは光の球である。むしろ追いかけてくる光の球の方が本来の自己、ユング心理学でいうところの自我と区別された自己（セルフ）であるように思えるのである。

## 中世の物語と夢

以前にも取り上げたが、日本におけるこころの歴史的変化を考えるうえで、中世が重要である。たとえばこころの内面化についても、箱庭療法に関して述べたように、中世に芸術を通じて独自の内面化が成し遂げられたといえよう。中世は、前近代の心性を受け継ぎつつ、近代的なあり方の基礎がつくられた時代であり、しかも日本に固有のものが形成されたときである。だから中世において、夢がどのように理解されていたのかを検討してみよう。

河合隼雄は中世の『宇治拾遺物語』から、他人が見た夢に従って出家した武士の話のことを取り上げている。観音様が馬に乗った髭を生やした武士の姿で湯浴みにやってくるというお告げのような夢をある男が見たので、その夢に従って皆で待っていると、実際にそのような武士がやってきたので、観音様として皆でありがたく拝む。武士はとまどったが、話を聞いて、自分は本当に観音様だ、と思うようになり、実際に出家をして、僧となった（『日本人の心を解く』）。近代人の理解によれば個人のこころの中だけのことであるはずの夢が、この話では現実や他者につながっていて、自他の区別や夢と現実の区別が越えられてしまっている。『宇治拾遺物語』には、夢と現実や自他の区別だけではなくて、生と死の境界も超えられる物語が多く認められる。

## 中世と夢

しかしこのようなことは、実は中世において物語の中だけに起こる特異なことではなくて、一般的なことであったのである。本郷恵子は『怪しいものたちの中世』の第二章「夢みる人々」の中で、中世における夢の理解を詳細に明らかにしている。主な手がかりとなっているのは、平安末期から鎌倉初期の激動の時代を生きて、摂政・関白・太政大臣にまでのぼりつめた九条兼実の日記『玉葉』で、その中には多くの夢の話が登場する。

それによると、夢は個人のこころの問題ではなくて、重要なコミュニケーションの手段だったのである。そこで記録されている夢は兼実のものだけではなくて、周囲の人たちが見たものが多く含まれて、それが共有されている。兼実に出世のチャンスが訪れようとしたときに周囲の人たちが吉夢を見ていて、特に頼朝によって摂政・関白となる期待が高まったときに、部下の源季広が暗示的な夢を見ている。夢で兼実が束帯を着けて自分の屋敷の南の庭に立っていると、太陽が東から飛んできて、兼実は袖の中にそれを受けとめるのである。太陽は権力を意味するので、東から来る頼朝によって兼実が出世することをこの夢は意味することになるようである。つまりこのように夢は多くの人の間で共有されるものであり、また現実とつながっているものであったのである。

## 夢の利用

しかし夢に無条件に力があったのではなくて、中世においてはむしろ夢が信じられていたことを利用して、夢によって人々を操作することがなされていた。また夢のある部分だけを知らせ、ある部分を隠すことによって、夢を都合よく解釈したり、相手に働きかけたりすることもなされていた。このことは現代の深層心理学の見方からすれば、当時の人は夢という無意識のものに一方的に支配されていたのではなくて、すでに意識的にそれを使っていたことを意味している。

そして夢を見た人に女性が多かったり、祈禱師や夢占いなどの、夢の内容を媒介する機能が大切であったりしたことも印象的である。社会の中に、いわゆる無意識の領域に開かれている人がいたり、またそれをどう意識にもたらすかということが大切であったりしたことがわかるのである。夢がコミュニティで共有されてこそ意味をもったのは、現代において心理療法で夢が語られ、セラピストに共有されることの重要性を裏づけている。

また『玉葉』において夢が報告されているのは、兼実がむずかしい状況を生きていたときだけで、出世してしまうとそれがなくなって、現実の記述だけになるのも非常に意味あることのように思われる。それはあたかも現代のクライエントが困難な状況にある時にだけ夢などのイメージに興味を示すけれども、よくなると現実の方に注意がもっぱら向いてしまって、夢への関心を失ったり、そもそも夢を覚えていなくなったりするのと同じようである。この意味でも、中世における夢には、古代におけるような現実と直結する側面をもちつつも、すでに現実と対立するものとして捉えられ、また意識からの働きかけや操作が強まってきているのがうかがわれるのである。

## 4　現代の夢と解釈

### 現代と夢

これまで、夢との関わり方の歴史的変化について述べてきて、特に前節では日本の中世における夢の扱われ方について紹介した。中世において、夢は古代と同じように現実に強い影響力を及ぼすものであったけれども、夢を人々がどう受けとめ共有するかが重要になってきていた。その意味で夢は一方的に与えられるメッセージでなくなり、夢に対する覚醒時の意識の関与が強まってきていたともいえる。

それに対して現代において夢はどのようにみなされているのであろうか。中世のような政治の場での夢の意味は現代ではもちろん存在していない。多くの人は夢を特に重要とは思っていないであろう。河合隼雄が留学先のカリフォルニアで、たまたま指導教授のクロッパーがユング派の分析家でもあったために、その同僚であるシュピーゲルマンの分析を受けはじめたときに、夢を見たら記録して持ってくるように言われて、「そんな非合理なことは信用できない」と抗弁したのは有名な話であり、現代人の夢に対する態度を代表している。夢は何の意味もない荒唐無稽なものとみなされているのが通常であろう。

河合隼雄が「非合理」ということばを用いたように、この見方には西洋の合理主義の影響がある。西洋で確立された科学の合理的な見方は普遍的な価値をもつようになり、夢のように曖昧でわけのわからないもの、神秘的なものは非合理なものとして排除されていった。しかし他方でファンタジーや夢を重視したロマン派のように、それに対抗しようとした文化的流れも歴史的に存在した。エレンベルガーが『無意識の発見』で示したように、フロイトやユングの心理学はその流れを受けているともいえよう。

### フロイトの夢理論

フロイトもユングも、実際の心理療法において夢が有用であり、意味をもつことを示した。夢を信用していなかった河合隼雄も、自分自身の経験を通して、夢のもつ重要性を認識していった。長年心理療法において夢を扱っていると、夢がことばのやり取りによるのと全く異なる次元を開いてくれることが実感できる。特に夢分析という形ではなくても、セラピーの中で一つでも夢の報告があると、その事例の展開や見え方が全く異なってくる。それでは現代の心理療法において、夢はそれが社会において影響力をもっていた古代や中世と同じように扱われているのかというと、そうではない。

フロイトは夢が願望充足であるという考え方をベースにしているが、「夢作業」という表現を用い、夢が願望を直接に示すのではなくて、意識の「検閲」を受けるために、「圧縮」や「置き換え」のメカニズムによって歪んで現れてくることを指摘する。したがって歪曲を見抜き、解きほぐさないと、夢における願望を捉えることはできない。たとえばこの理論からすると、前節での日本の中世における兼実に関する太陽の夢も、兼実が出世するという願望が実現していて、しかも直接的に願望が表現されるのではなくて、権力が太陽に置き換えられている。また母親とガールフレンドが混ざったような人物が夢に登場するというのが、圧縮の例である。

## ユングの夢理論

中世の夢理論においても、夢を利用したり、都合よく解釈したりして、意識の立場の関与があった。ユングの理論において大切なのは、それをさらに進めて、意識が無意識と対立することである。その結果として、夢の補償作用が大切になる。われわれが夢に驚かされることが多いように、夢は意識に思いもよらないこと、あるいは意識の偏った見方を訂正するものをもたらすのである。このあたりが、夢と現実が地続きのように連続している古代の世界、あるいはこころの古層との違いである。たとえば、弱々しいと思っていた父親が、夢の中で非常に力強く行動していて、意識的な見方が一方的であったことが訂正されたり、自分の中で強い父親像が生まれてきたりするのである。ユングの報告している例では、夢の中でユングは高い丘の上の、城の上にいるクライエントを見上げねばならず、自分がその人を見下していたのに気づく。これも補償的な夢である。

またユングは、夢における象徴性を強調する。夢のイメージはそのままのものを表すのではなくて、それとは何か別のものを象徴しているのである。たとえば夢において蛇が登場したら、それは「死と再生」「薬」「鳥との対関係によるコスモロジー」など、蛇のもつ象徴性によってはじめて理解が可能になる。夢の中に蛇が出てきたからといって、現実において蛇が関わってくるという兆候であったり、蛇が神や霊の直接の顕現であったりするわけではない。

夢は歪曲されていないとユングがフロイトを批判したように、フロイトとユングで夢の理論的捉え方に違いがあっても、共通するのは夢が直接的なものでないという認識である。夢に現れたものをそのままに理解できるのでなくて、それは意識の態度との関係において、あるいは夢作業や象徴性によって、常に媒介されて表現されている。したがってその内容を知るには、必ずどのように媒介されているかを解きほぐす解釈が必要となってくるのである。

これは、前近代において夢の世界との直接的なつながりが可能であったのに対して、近代の意識はそこから断ち切られているためである。直接夢の世界にアクセスし、感じ取る手段はなくて、夢も近代意識からすると歪曲されたり、象徴化されたりして表現されてくるし、理論は何であれ解釈という方法を必要とする。心理学の誕生には、こころが個人に内面化されることが関わっているが、こころの現象の自明性や直接性が失われ、解釈が必要になったことによって心理学が登場したともいえる。

### 夢と媒介

しかしその萌芽は、すでに中世に認められることも大切である。つまり中世においても、占い師や祈禱師など、夢と現実を媒介する機能は存在していたのである。それとは逆に、日本で心理療法を営んでいると、未だに夢との直接性を残している人も多くいることがわかる。こころの歴史性はかなりの幅をもつのである。

## 5　現代の夢と共有

### 媒介と共有

前近代において、正夢のように夢の世界と現実との直接的なつながりが可能であったのに対して、近代の意識には直接夢の現実性を感じ取る手段はなくて、心理学による解釈という媒介する間接的方法を必要とすることを前節に扱った。もっとも中世においても、占い師などによる媒介や解釈ははじまっていたともいえる。さらに中国古代における直接的な夢でさえ、占いを必要としたことがわかる。

直接性と同じように、前近代における夢との関係で大切なのは共有である。たとえば中世において夢が影響力をもっていたのは、夢がコミュニティで共有されていたからである。『宇治拾遺物語』における観音様が通りかかるという夢や、九条兼実の日記『玉葉』に記されている夢が現実につながったのは、それが周囲の人々において共有されたからであった。夢に限らず、前近代の世界におけるこころの出来事は、癒しの儀式の存在からもわかるように、必ず共同体によって共有されたといえよう。

### 心理療法における夢の共有

それでは現代において夢の共有は可能なのであろうか。前近代の癒しの儀式に多くの人が参加して共同体で行われていたのに対して、現代の心理療法は、守秘義務ということが強調されるように、あくまでもクライエントとセラピストとの間での契約である。しかしクライエントが自分のこころの中だけのことをセラピストに語り、共有されることによってはじめて真実となり、癒しにつながるとギーゲリッヒが「治療において何が癒すのか」の中で指摘しているように、夢もクライエントとセラピストの間で共有されることによって影響力を行使できるのである。

だからよくクライエントの中に、夢をはっきりと覚えておらずに報告できないとか、夢を見ていても語らないという人がいるが、これは夢が共有されてはじめて効力をもつとすると非常に問題がある。夢はどのように解釈されるかということ以前に、まずセラピストに語られて共有されることが重要なのである。ユング派の心理療法において、夢を書いてくることが求められるが、これも夢の共有をはっきりとした形にする意味がある。語られても、いつの間にか別の話題に移ったり、内容が曖昧になってしまったりするような夢ではなくて、はっきりと夢が書かれて固定され、そして繰り返し書かれた夢に立ち戻ることができるからこそ、共有が可能になる。

その夢を話し合い、夢の意味を捉えようとすることは、共有をさらに深めることになる。解釈と理解によって、夢はそのままのものとは違う次元でクライエントとセラピストとの間で共有されるようになる。

### 共有のタイミングと相手

また中国春秋時代の声伯が、宝石を食べさせられる夢の占いをすぐにせずに本国に戻るのを待ったのと同じように、共有されるタイミングが大切になることが多い。ユングは小さい時に見た、地下にいる巨大な人食いの夢を、ずっと誰にも語らなかった。小さい頃に見た不思議な夢を、かなりセラピーのプロセスが進んでから語ってくれるクライエントも多い。

また『宇治拾遺物語』には、妻に自分の見た夢を語ってしまったために、せっかくのよい夢がよい結果をもたらさなかった話がある。ある男が、片足を東大寺に、もう片足を西大寺において立っている夢を見た。妻にこの夢を語ると、「股を引き裂かれるということでしょう」と解釈された。後に別の人に解釈してもらうと、よい夢だったが、間違った人に語ってしまったと言われ、実際にこの男は出世するが、後に訴えられて地位を失う。つまり妻に夢を語ってしまったのが失敗だったのである。誰と夢を共有するかも大切であり、その意味でセラピストの存在と機能は大切なのである。

## より広い共有の意味

しかし心理療法における共有は、あくまでも治療の枠の中だけのものであり、クライエントとセラピストの二人の間だけのものである。二人の間だけで共有するからこそ、夢は個人のこころにとって深い意味をもち、それはセラピーのプロセスにとって大きな守りになる。しかしそれと同時に、そこに共同体による広がりのある共有に基づいていた前近代の癒しの儀式と異なる、近代の心理療法の共有の狭さと弱さという限界も存在する。より広い共有が現代においてどのように可能になるのかを検討したい。

こころ自体には実体がないけれども、それは何らかの価値や内容を共有することによって存在する。たとえば他の文化や国の儀式も、共有されないと奇妙な動作にしか過ぎない。ユングが集合的な無意識やイメージの象徴性を強調するのも、心理療法における二人だけの共有より広い次元での共有を目指していたとも理解できるのである。そもそも心理療法の様々な学派の理論は、全て共有のメカニズムによっており、したがってそれが根拠をもたないというリスクを常に含んでいる。だから他の学派の心理療法の理論は奇妙に思えて、排除されやすい。これは共有というものが、共有されていないものを排除するというメカニズムと裏腹であることを示している。

心理療法における夢が転回点をもたらすとき、夢に関連することが、治療枠外において何らかの形で共有される瞬間が訪れることも多い。古代や中世のように、夢でのことがそのまま現実で生じるわけではないが、親の夢を見た後で、久しぶりに親から連絡が入ったりなどのようである。それはいわゆるユングが共時性と呼んだ出来事であることもあるし、夢がいわばクライエントとセラピストとの狭い共有からより広い共有へと出ていくことを意味している場合がある。

またより広い共有として大切なのは、専門家によるスーパーヴィジョンや事例検討会である。心理療法のプロセスや夢がより広いところで共有され、スーパーヴァイザーやグループでの議論によって異なる深い意味が見出されることによって、共有は広がりをもつようになる。事例検討会の後にクライエントが大きく変化したり、中断していた事例が再開したりなどということがしばしば生じるのは、この共有の広がりのためだと思われる。しかし逆に事例検討会に事例を発表した後から、セラピーがうまくいかなくなることもある。先にふれた、妻に夢の内容を語ってしまった『宇治拾遺物語』の中の話のように、誰とどのように共有するのかが大切なのである。このことは、たとえ一対一の心理療法も、決してそれだけで行われているわけではないことを示している。

箱庭療法のあるシンポジウムにおいて、二〇一七年に亡くなった哲学者の中村雄二郎氏が、箱庭のイメージを治療関係にとどめておかず、社会で共有する意味があることを示唆したことがある。

秘密保持の問題があっても、治療の中の夢についても同じことがいえるかもしれない。また本書も、心理療法で生じることを、より広いコンテクストで共有できればという試みであるかもしれない。

## 6　現代の夢と異界

### 夢と異界

ユング以後でもっとも有名なユング派分析家・思想家であるジェイムズ・ヒルマンに『夢と冥界』(The dream and the underworld、邦訳『夢はよみの国から』)という著書がある。これは夢を冥界、あの世との関係として捉えたものである。あの世から何かをもたらす、意識を拡大するのではなくて、向こうの世界に行くことが大切であるということを強調したもので、近代意識に基づく心理学の真逆の発想のような本であった。そのパラダイムとして取り上げるのは、デーメーテルの娘であるコレーが、花を摘んでいるときに、冥界の神ハデスに襲われ、冥界に連れ去られるギリシャ神話である。

前近代において、夢が現実と直結していることを述べたが、同時に異界につながっているというのは一般的な見方であったと思われる。河合隼雄は『日本人の心を解く』の中で、「中世日本の夢においては、死の世界は簡単に入れるものであった」と述べていくつか例を挙げている。その一つに賀能ち院という名の僧侶の話がある。賀能ち院は全然戒を守らない僧であったが、自分の寺に向かう途中にある塔の打ち捨てられた地蔵を時々拝んでいた。賀能ち院が亡くなってから、その地蔵が行方不明になる。するとある僧が、地蔵は賀能ち院を助けるために地獄に行ったという夢を見る。しばらくしてまた夢を見ると、お地蔵さんが現れて、賀能ち院を助けて戻ったが、そのために足が焦げているというもので、実際に確かめると、地蔵は元の場所に戻っていたが、足が焦げていたというものである。

前近代の世界観の大きな特徴は、あの世や神話的世界とつながっていることである。「まれびと」といわれるように、神が祭などの機会にこの世を訪れたり、死者がお盆に還ってきたりするなどという風習は、あの世とのつながりを示している。もっとも『遠野物語』や『遠野物語拾遺』を読むと、あの世や死者がこの世とあまりに地続きなので、それが現実でも当たり前に生じて、夢に見られる必要がないくらいかもしれない。

その意味で、あの世の存在が近代において薄れていく中で、まだ夢にはその異世界性が認められてきたのだと思われる。ヨーロッパにおけるロマン派などはその典型であろう。しかしまさに夢のもつ異世界性のために、夢を扱うことには困難が伴う。つまりそれは、もはや存在しないと考えているはずの異世界を認めるかのようになってしまい、前近代の世界観に戻るかのようになってしまうのである。

心理療法において夢を扱おうとすると、クライエントから感じられたり、表明されたりする違和感や疑問は、夢のもつ異世界性に関係していると思われる。つまりそれは私が現実に悩んでいたり困っていたりすることとはあまり関係がなくて、全く別の荒唐無稽な世界のことのようにみなされがちなのである。もっと困っていること、訴えたいことがあるのに、夢を思い出して話すというのはどういうことだろうという気持ちになってしまう。

自然に夢のことが気になって話してくれればよいものの、わざわざクライエントに夢を尋ねる際にはそのような疑問や抵抗を超える必要がある。ところが、最近は少し異なる傾向が認められ、普通の会話とは別に、夢について語ることへの抵抗が逆に減っているように思われる。それはまさにポストモダンの意識の特徴であり、現代におけるヴァーチャルリアリティの浸透と関係していると思われる。

## 異世界とヴァーチャルリアリティ

現代において、われわれは驚くほどヴァーチャルリアリティに生きている。ゲームもそうであるし、様々なSNSにおいてハンドルネームを名のり、それを使い分けている。その中ではふだんとは全く異なる世界に生きて、全く違った人格になる。そこでは現実の年齢、性別、性格ですら簡単に超えられてしまう。

そのような流れの中で、夢に対しての違和感や抵抗は逆に減ってきているかもしれない。何も特別に「深い」世界や「異界」としてではなくて、一つのヴァーチャルリアリティ、一つの別の世界として認められてしまうのである。そしてロールプレイングゲームのごとく、そこに入っていくことによって、違った人となり、変容することが可能かもしれない。ユングの『赤の書』もロールプレイングゲームとして読めてしまうかもしれない。

## 神話的世界とヴァーチャルリアリティ

ユングは第一次世界大戦前に精神的な危機に陥った際に、イメージと積極的に対話し、関わっていくことでそれを乗り越えようとし、それを『赤の書』に著した。そこには様々な神話上の人物が登場するが、すでにふれたように、ユングの『赤の書』を邦訳した際に、それらの人物を調べるために名前を入れてネット上で検索すると、頻繁にゲームソフトが上位に登場してきて、こちらが調べたい人物になかなか到達できずに困ったことがあった。これは神話的な物語や人物の象徴性の喪失ともいえるけれども、積極的に考えると、それらはゲームやヴァーチャルリアリティで現代に復活してきているともいえる。またユング自身も必ずしも自分の伝統のコンテクストだけから神話的な世界に入ったのではなくて、様々な歴史や文化からイメージを借りてきているので、すでにユングもヴァーチャルリアリティ的なイメージの世界に関わっていたともいえるのである。

その意味でユングが扱っていたのは、前近代的な神話的世界や異界のように思えるけれども、ある種のヴァーチャルリアリティかもしれない。そして前近代世界において異界に入っていくことでイニシエーションがなされたりしたように、神話的なヴァーチャルリアリティに入っていくことで症状の解消や人格の変容を目指したのかもしれない。

村上春樹の小説には、パラレルワールドがよく登場し、また同時に夢もよく使われるが、それは神話的な世界とヴァーチャルリアリティが交錯する現代の特徴をうまく描いているかもしれないのである。

# 第7章　身体と時間

## 1　身体の病と心理療法

### 近代の心理療法と身体

近代の心理療法は、一九世紀末におけるフロイトによるヒステリーの治療からはじまった。手足の麻痺、目が見えなくなることをはじめとした様々な感覚器官の障害などの、一見すると身体的な症状を示す人に対して、フロイトはそれが身体的な原因によるのではなくて、その人の無意識的な葛藤による心理的な原因があることを明らかにしていった。またそれを催眠による想起、後には自由連想の方法を用いて解決しようとした。

その際に、身体の麻痺などが神経的、筋肉的な問題によるのではないことが重要で、もしそうであれば身体的な治療を行うことになるし、心理療法は有効な試みでないことになる。心理療法はこころの問題にアプローチする方法である。その意味で心理療法は身体的原因が検査などを通じて除外されてから、消去法的に浮かび上がることが多い。

特に総合病院などでカウンセラーとして仕事をしていると、様々な他科から、身体の不調を訴えて訪れたけれども、いろいろな検査を行っても問題がないし、精神的なものではないかということでリファー（紹介）されてくる患者さんに会うことが多い。患者さんとしては、身体の問題と思っているのに、カウンセラーのところに回されることに不信感を抱いていることも多く、その最初の壁を乗り越えるには工夫が必要なこともある。またそもそも、こころのことと体のことを二分して考えること自体が問題なのである。

**前近代の癒しの技法と身体**

前近代の癒しの技法では、こころの病と体の病の間に区別はなかった。エレンベルガーは大著『無意識の発見』の冒頭の章において、近代の心理療法の祖先として前近代の癒しの技法について取り上げている。そこではこころの病でも、体の病でも同じように治療がなされているのが特徴的である。たとえばドイツの人類学者であるアドルフ・バスティアーンが、南米ギアナでひどい頭痛を来したときに、現地の呪医を訪れた記録は興味深い。バスティアーンは数時間に及ぶ儀式を受けて、治療された証拠に取り憑いていたとされる毛虫を一匹示されたことが報告されている。エレンベルガーが引用している、ペルーのケチュア族における呪医に関するサル・イ・ロサスの研究では、調査した一七六例のうち不安・抑うつなどのいわゆる心理的な症状だけのものが六四例なのに対して、一一二例が結核、マラリア、大腸炎などに罹っていたという。

デカルトなくして精神分析は存在しないとラカンが述べたように、近代の心理療法は心身を峻別する考え方に基づいており、われわれもそのような枠組みで生きていると思っている。ところが極限状況になると、前近代的なアプローチに頼りたい気持ちが出てくる。がんの末期において、様々な民間療法に頼る人がいることを、専門医から聞いたことがある。

これは、合理的になり、啓蒙化されているはずの現代人のこころにも、非合理な前近代的な考え方が出てくる例と考えられる。しかしもっと本質的な意味では、こころと体がつながっているとみなすとこころの古層が現れてくると考えられないだろうか。そしてそれは単にこころと体がつながっているように考えるという見方だけのことにとどまらず、実際の身体の変化に現れてくる。

## こころと体のつながり

人類史の発展と子どもの発達を単純にパラレルに考えることには問題があるが、子どもが自意識を獲得するのが一〇歳くらいとすると、それより前にはむしろ近代意識が確立される以前の心性で子どもは生きているとも考えられる。大人がうつ、不安、強迫観念などの純粋に心理的な症状を示すのに対して、子どもの典型的な心理症状には、身体が大きなウエイトを占めていることがわかる。たとえばチックは男の子がよく示す症状で、一時的にチックの症状を示したことのある人は多いと思われるが、これは極端なまばたきや首を振る動作の繰り返しのように、身体が不規則でコントロールされていない動きをすることである。また夜尿というのも男の子に多い症状であるが、これも身体的な反応である。このように子どもの心理的な症状の現れ方には、こころと身体のつながりが強く認められるのである。

### 心理療法と身体症状の変化

心理療法において、心身の不思議な関係に気づかされることは多い。たとえば自閉症や摂食障害の人は風邪をひきにくいが、心理療法で進展が見られるとひくようになるということが知られている。実際に自分が関わった治療例や、スーパーヴィジョンにおいて聴いた事例においても、よくなってきたり、ある種の転機を迎えたりすると、クライエントが風邪をひいたり、発熱したりする。これは気持ちが緩んでくると、体も緩んでくるように思われるのである。

同じようにして、身体の病気になることが、問題を自分に引き受けることを意味するような場合がある。たとえば不登校の子どものことで面接に来ている母親が、自分は全く子どもの問題とは無関係であるかのように振る舞っていたのに、面接の回数を重ねているうちに何かの身体の病気になる。その後の母親面接でも変化が出てきて、子どもの問題のことを自分との関わりで話せるようになっていく。心理療法というある種の極限の状況では、こころと体の不思議なつながりに気づかされることが多いのである。もちろんあまり深読みし過ぎないように気をつけねばならないが。

このような心理療法の過程でかかる身体の病ではなくて、最初から身体の病を患っている場合にはどうであろうか。身体的な不調が心理療法を受けるうちによくなることがある。体の痛みにも文化的な違いが関係していることが多く、日本でよく聞かれる肩こりは欧米ではほとんど存在しないが、その代わりに腰や背中の痛みの訴えはよくある。スイスで心理療法家として仕事をしていたときに、特にそれに焦点を当てているわけではないが、心理療法を受けているうちに腰や背中の痛みが大きく改善したり消失したりしたクライエントが何人もいた。

## 身体疾患と心理療法

さらには心身症といわれるものが、心理療法を通じて改善することがある。喘息、アトピーなどのアレルギー疾患やバセドウ病などの自己免疫疾患（免疫系が自分自身の正常な細胞や組織を攻撃する疾患）を中心として、心理的な要因が発症に関わっているとされる疾患がある。これは心理的なストレスで病気になっているなどという単純に因果的なものではなく、また身体的なアプローチも大切であるけれども、長期にわたる心理療法で改善したり、時には劇的によくなったりすることがある。

いわゆる心身症というものにかかる人は、一般的にイメージや言語表現ができにくいとされているが、だからこそ箱庭などのイメージを通じての表現が重要であると思われる。そうすると、こころと体がつながっているはずのこころの古層が働くのである。

## 2　心身症と心理療法

前近代の癒しの技法において、こころの病と体の病への対処に区別がないのに対して、心身の区別をクリアにし、こころの病だけに焦点を絞ったのが近代の心理療法の特徴である。ところが実際のところでは心理療法における身体の要因は大きいことが経験的にわかっていて、また心身症といわれるものにまで、心理療法は領域を広げつつあることを指摘した。

### 心身症

前近代の癒しの技法が、こころの病と体の病の区別をせず、いわば全ての病を心身症として扱っていたことからすると、心身症というアプローチには、こころの古層が関わっているといえよう。ところで、一口に心身症といっても、その中には様々なものがあり、そもそも心身症ということを認めるかどうかも問題である。実際のところ、現代医学の標準的な診断基準であるICD-10やDSM-5には心身症というカテゴリーはない。そこでまず簡単に心理療法と心身症の関わりの歴史を振り返りつつ、心身症について考えたい。

心身症の歴史において、ハンガリー出身の精神分析家であるフランツ・アレクサンダーの仕事は一九五〇年代頃の趨勢を考える上で重要であろう。彼は心身症として、本態性高血圧、気管支喘息、消化性潰瘍、甲状腺機能亢進症、潰瘍性大腸炎、関節リウマチ、神経性皮膚炎を「七つの聖なる疾患」として挙げた。これらの疾患には、現在においても心理・社会的要因が強いと考えられるものも、それほどでもないものも含まれている。医学の進歩によって、発症のメカニズムや治療法が明らかになったものがあるが、それでも心理・社会的要因は強いと考えられるものもある。

たとえば甲状腺機能亢進症（バセドウ病）は、薬物や手術によって治療可能であるけれども、発症時の様子を聞いてみると、結婚、離婚、親との同居、肉親との死別などの家族関係、就職、転勤などの社会的場面でのライフイベントとの重なりが認められることが多い。したがって、心身症＝心理的要因と考えたり、身体疾患には心理的要因がないと考えたりするのではなくて、スペクトラムで捉えていくのがふさわしいと思われる。また、ここで一応心身症とされていても、必ずしも心理的要因だけで説明がつくとは考えていないことにも留意してほしい。

### アレキシサイミア

アレクサンダーのようなアプローチが、それぞれの病の象徴的意味などの解釈に熱心であったのに対して、シフネオスは一九七〇年代にアレキシサイミア（失感情症）という概念をもたらして、心身症全般に共通するパーソナリティーを明らかにしようとした。つまり心身症患者は、社会的な適応はよくて葛藤が少ないものの、自分の感情をことばやイメージにするのが苦手だというのである。表面でのよい適応と、こころの深みへの弱いつながりというギャップが問題といえよう。

ことばやイメージにすることがむずかしいことはまさに、心身症に罹る人への心理療法的アプローチの困難さを示唆している。心理的な要因が関連していると考えられながら心理的なものから遠いという矛盾した状態が、心身症という状態に関わっていると思われるのである。

### こころからの近さと葛藤

しかし描画を中心とする様々な心理テストによる研究からは、いわゆる心身症と考えられる疾患でも、心理的なものからの遠さは疾患によって異なっており、いわばスペクトラムをなしていて、また個人差も大きいように思われる。たとえばアトピー性皮膚炎の人は、他の心身症、たとえばバセドウ病に比して心理的な葛藤に近い。さらには、同じ甲状腺疾患においても、これまで心身症と考えられていなかった甲状腺機能低下症や甲状腺腫の方が、いわゆるアレキシサイミア傾向が強いという結果になっている（Hasegawa et al., 2013）。これは、心身症全体だけではなくて、身体疾患全般において、社会・心理的要因が疾患に影響を与えていて、こころに近いものと遠いものが存在することを示唆さえしている。その中で、これまで心身症とされてきたものは、身体疾患の中で比較的こころに近いものなのかもしれないのである。

このようにこころから遠いと考えられる心身症に心理療法で関わる際には、家族関係など、何らかの葛藤や課題に焦点が当たりはじめると、治療が進展する。アレキシサイミアにおいて、社会的な適応のよさと葛藤の少なさが指摘されていたように、葛藤や引っかかりを見つけていくことは簡単ではないが、逆にそれだけに、何かの葛藤が見つかると心理療法としては進展する。また葛藤がはっきりせずに焦点化しないからこそ、夢や箱庭などで課題を限定していくのも有効である。この場合にも、占いに関連して述べたように、限定するというのが重要なストラテジーであることがわかる。時には遠かったはずのイメージの世界が劇的に開かれてくることもあるので、固く閉じられて見える世界にもそのような可能性が秘められていることに留意する必要があろう。

**アグレッション**

いわゆる心身症、特に自己免疫疾患では、アグレッション（攻撃性）の問題が大きいように思われる。特に膠原病、リウマチなどにおいては、潜在的にあるアグレッションを、どのように出していくかが、心理療法として考えると重要な場合が多いように思われる。あまり単純化はよくないかもしれないが、うつ病の人でアグレッションが自分に向かうことでうつ状態が引き起こされているように、自己免疫疾患ではアグレッションが自分の身体に向かうことでそれを破壊しているようにも思われるのである。

その中で、自験例においても、アグレッションが自分ではなくて他人に向けることができるようになったり、クリエイティブな力が自分から出てきたりすると、身体の状態もよくなっていくように思われる。『箱庭療法学研究』に掲載された城谷仁美の膠原病の事例は、大量のステロイド治療によって免疫力が落ちて、ガンにまでなっていた女性が、夫に自己主張できるようになり、箱庭で下から渦を巻いて上がってくるエネルギーなどを表現して、膠原病がよくなっていく。大量のステロイド投薬が必要でなくなるまでになるのである。自己免疫疾患において、アグレッションをどのように出せるかという視点は大切なように思われ、それは単なる攻撃性にとどまらず、自分自身の創造的なエネルギーを見出すことにまでつながっているのである。

## 3　時間とこころの古層

### 心理療法と聖なる時間

こころはどこにあるかと言われて、身体のどこかの場所をさして答えることが一般的であろう。しかしこころは時間の中にあるともいえる。それは個人が誕生してから死ぬまでの時間とも考えられるし、祖霊や自分が死後に霊となるような悠久の時間とも考えられる。そこでここからはこころと時間について検討してみよう。

心理療法は決まった時間と場所で行われるのを原則としている。そして時間に関しては、たとえば金曜日の九時から九時五〇分までのように、あらかじめ時間が決められている。近年において、心理療法のアウトリーチの傾向が強まり、たとえば心理療法家が災害現場に赴くとか、ターミナルケアの病棟に入る、医療少年院を訪問するなどとしてこころのケアを行うことが増えている。すると時間に関しても必ずしも決まった時刻に一定の時間行われるのでなくて、例外が多く生まれつつあるが、原則は時間が固定されている。

このように正確に決められた時間は、極めて近代的な枠組みに属するように思えるが、イニシエーションに関して、心理療法の行われる相談室などが神聖な場所という意味をもっていると述べたように、これは特別で神聖な時間ともいえる。つまりこれは日常の時間から峻別された聖なる時間なのである。それは近代における、線的で等質に流れる時間とは異なる、こころの古層における時間ともいえよう。だから近代の時間とは異なるこころの古層における時間とは何かを探ってみたいが、それにはまず近代の時間とは何かを知ることが必要である。

## 『モモ』と近代の時間

近代の時間の特徴とその問題点を見事に描き出しているのが、ドイツの作家ミヒャエル・エンデによる児童文学作品『モモ』である。モモは、廃墟となった円形劇場にどこからともなく住みついた女の子で、モモがいるおかげで子どもたちは楽しく遊べて、大人たちも話を聞いてもらううちに自分で解決を見つけていく。モモは人類学でいうところの「まれびと」のような存在で、話に耳を傾けるうちに相手が解決を見つけるところは心理療法家のようなあり方をしている。そこに、時間の貯蓄を勧めて、実は時間を盗んでいる「灰色の男たち」が登場する。灰色の男たちは、効率よく仕事をしたり、自分の利益にならない善意の行為をやめたりして、時間を節約できることを人々に示し、それを勧める。しかし実は節約され、貯蓄された時間は自分のものにならずに灰色の男たちに盗まれて残らない。その結果、人々はますます時間に追い立てられるようになっていき、人々のこころはすさんでいくのである。

これは近代における時間と高度にシステム化された世界を非常に象徴的に表していると思われる。

近代の時間の特徴は、抽象化された、等質で計算できる時間である。灰色の男たちは、しきりに何秒、何分、何時間と計算して、時間の倹約を勧める。また時間を貯蓄するように勧誘している相手に、その人が死ぬまでの時間を灰色の男たちが秒単位で示すように、これは死や終末に向かって水平的に進んでいく線的で限られた時間である。

もちろんこれは童話の中の話であって、現実には灰色の男たちなど存在しないかもしれない。しかしたとえば常により早い交通機関ができて、便利な輸送やコミュニケーション手段ができて、移動や物の確保が早くなって、時間が節約されているはずにもかかわらず、われわれには時間のゆとりが増したり、生活がより豊かになったりしているとはとても思えない。たとえば、完成した原稿を速達で送っても一日かかっていたのが、今では添付ファイルで瞬時に編集者に届く。しかしそのことによって著者にも編集者にも時間のゆとりは生まれなくて、ものの回転が速くなることによってわれわれはますます時間に駆り立てられていく。まさに灰色の男たちに時間を盗まれているかのようである。そしてそれは空しさの感覚を生んでいくのである。

### 充足した時間

これに対して、こころの古層における時間は、無に向かって線的に進んでいく抽象的なものではなくて、その時々の行為や出来事の中で満ち足りたものである。真木悠介は『時間の比較社会学』の中で、それを「コンサマトリー（自己充足的）な時間」と呼んでいる。その例も『モモ』の中に認めることができる。モモには、口下手の掃除夫の老人であるベッポと、若く華やかで、いつもおしゃべりでお話を作り出しているジジという非常に対照的な二人の友人がいる。この老若というペアも、時間の経過を示唆しているようで興味深いところである。その口下手のベッポが、自分の仕事である掃除について、モモに次のように語っている。「いちどに道路ぜんぶのことを考えてはいかん、わかるかな？　つぎの一歩のことだけ、つぎのひと呼吸のことだけ、つぎのひと掃きのことだけを考えるんだ。いつもただつぎのことだけをな」。これはまるで禅の修行のようである。少し休んでベッポは続ける。「するとたのしくなってくる。これがだいじなんだな、たのしければ、仕事がうまくはかどる」。

ベッポは、道路を掃き終わるのにどれくらいの時間がかかるか、どれだけ効率的にやって仕事を早く終わろう、そして時間を節約しようなどと考えない。そのような近代の時間観念はベッポにはない。つぎの一歩、つぎのひと呼吸、つぎのひと掃きのことだけを考える。つまりそのひと呼吸の外の時間は存在せず、そこで時間も人も充足している（コンサマトリー）。それが楽しいとか、豊かな感覚を生むのである。つまりそのひと呼吸は、何秒という計れるものではなくて、ある意味で無限の時間なのである。だからこころの豊かさとは、その時々に満たされていることであって、時間やお金がたまることが豊かさではない。その時々で充足した時間が、こころの古層にある時間だと考えられるのである。

これは灰色の男たちが勧める近代の時間観念の真逆である。しかしその時々の充足だけで、こころの古層の時間は成り立っているのであろうか。それを支えているものはあるのであろうか。それをもう少し検討してみたい。

## 4　時間の根源と過去の時間

近代の時間が、等質で抽象的で、死や終点に向かって水平的に進んでいくのに対して、こころの古層における時間は、その時その時が充足していて豊かであり、ある意味で無限の時間であると述べた。しかしどうしてその時その時が全体の単なる一部分ではなくて、無限であり、満ち足りていることが可能なのであろうか。

### 根源の時間

その秘密も、『モモ』の物語が教えてくれる。モモは灰色の男たちとは全く異なる世界観と時間観念で生きているために、時間を節約させようとしている彼らの仕事を邪魔していることになる。そのために灰色の男たちに追われることになったモモは、カシオペアという名前の、少し先のことがわかってその内容が背中に掲示される亀と一緒に逃げているうちに、マイスター・ホラという、時間を管理している不思議な老人の家にたどり着く。マイスター・ホラのところには「あらゆる人間の時間のみなもと」があって、モモはそこに案内される。金色の丸天井の穴からはまっすぐ下に光がさしていて、下のまんまるの池には宙をたゆたっている振り子がかかっていて、振り子の動きに合わせて花が咲いては枯れていく。そしてまた別の花が振り子に合わせて水面から姿を現す。

金色の丸天井、まんまるの池という円形を強調した完全で幾何学的な形が示唆しているように、これは存在の根源やこころの全宇宙をあらわすマンダラと考えられないだろうか。そして中沢新一が、マンダラは古代インドで洞窟でのメディテーションによって発生し、瞑想中に下から立ち上ってくるエネルギーが、洞窟の天井に当たって四方八方に幾何学的に広がったものであるとしているように、マイスター・ホラのところのマンダラも立体的なマンダラである。しかもそれは振り子が振れ、それに合わせて花が咲いたり枯れたりして動的なものなので、時間のマンダラと呼ぶことができよう。その時、その時の時間が豊かで満ち足りているのは、この時間の根源から時間が送られ、根底にこの時間のマンダラが存在するからなのである。

## 今と永遠の神話的時間

今このときの時間は、前近代の世界における時間観念からすると、神話的な時間や、時間のマンダラが示すような「時間の大洋」（真木悠介『時間の比較社会学』）によって支えられている。だからその時々は充足していて、無限なのである。これは仏教、特に華厳経の時間と宇宙理解に近いかもしれない。華厳経は「仏の一毛孔のなかには、一切世界がはいり」と説いているが、同じように時間についても、「永遠の時間が一瞬におさまり、一瞬が永遠の時間を包む」とされている。今の時間の背景には永遠の時間がある。

これは近代の水平的に過去から現在へ、さらに未来へと流れて過ぎ去っていく等質な時間とは異なって、垂直的な時間と呼ぶことができるかもしれない。ローマ時代のサルスティウスの神話についての有名なことば「これらのことは決して起こったことがないが、いつも存在している」が示しているように、今の時の背景には、決して起こったことがないけれども、常に存在している神話的な時間が必ず背後にあって、支えてくれているのである。

このことも、『モモ』の時間のマンダラが適切なイメージを提供してくれている。水面からのびてきて、咲いては枯れる花が、その時、その時の時間であり、花が出てくる池が、時間の大洋や根源を象徴しているのである。

今の時間が、背景にある時間のマンダラや時間の大洋によって裏打ちされているとしても、そのことに普通は気づかれないだけではなくて、いつの間にか平板で水平的な時間だけになってしまう危険がある。したがって、折々に、垂直的な時間の存在を示し、思い起こす必要がある。

## 垂直的な時間と儀式

これが定期的な儀式の働きであると思われる。たとえば新年の儀式がそれの典型である。1年はただ過ぎていって、水平的に次の年がはじまるのではなくて、垂直的に生まれ変わらないといけない。宗教学者のエリアーデは、北アメリカのヨクト族では一年が過ぎ去ったという代わりに、世界が過ぎ去ったといわれるということを指摘している。つまりある一年は、時間の根源や神話的世界に消え去って、そこから新たな一年が生まれてこないといけなくて、そのために新年の行事が必要なのである。

新年の行事として印象的なのは、ケルトにおけるサウィンというお祭りで、今では世俗化された形でハロウィーンとして広まっているものである。一一月一日の新年にかけて、死者たちが戻ってくるが、これも垂直的な時間への通路が開くこととして理解できるのである。

『モモ』の中では、マイスター・ホラが眠ってしまい、全ての時間が止まるという形での時間の死が訪れる。時間の花を持って、一時間だけ活動できたモモが、灰色の男たちを消し去ることができ、時間の貯蔵庫の扉を花で開けることによって、時間が再生し、マイスター・ホラも目を覚ます。これも垂直的な時間の再生と考えられるのである。

### 神話的な時間と過去

垂直的な時間は、本来は無時間的で永遠である神話的な時間につながっているはずである。これも人間のこころの歴史や発達と関係があると思われるが、神話的な永遠の時間は、歴史的な過去になっていく傾向がある。神話ですら、過去のある時に位置づけようという試みがなされる。

たとえば能の場合を考えても、古代での神楽では神が現れて、垂直的な時間を開いたのに対して、中世の夢幻能では、過去の歴史上の人物が、垂直的な時間を具現するものとなる。たとえば『井筒』では、前段では旅の僧が在原寺を訪れ、そこに住んでいた在原業平とその妻である紀貫之の娘のことを弔っている。すると里の女が現れ、昔のことを懐かしみ、そして最後に実は自分は紀貫之の娘であることを明らかにして去って行く。後半では、僧の夢の中で、紀貫之の娘が、夫である在原業平の衣装をまとって舞う。後段の部分は、垂直的な時間に開けているものであるが、それは神や神話にならず、在原業平という歴史上の過去の人物やその物語となるのである。つまり垂直的な時間の過去への水平的な位置づけが起こっている。

同じようなことは、ファンタジー文学や児童文学に多く認められる。たとえばフィリパ・ピアスの名作『トムは真夜中の庭で』において、おじさんとおばさんのアパートにあずけられた主人公のトムは、真夜中に古時計が一三時を打つと、下に降りていき、秘密の庭園を訪れることになり、そこでハティという少女に出会う。この秘密の庭園と、そこで出会ったハティは、永遠の時間や時間の根源を象徴している。それは水平的な時間とは異なる垂直的な時間である。『モモ』でいうならば、マイスター・ホラのところで、時間の源を体験したようなものである。ところが物語の最後の方で、思いがけないことに、アパートの持ち主であるバーソロミュー夫人が実はハティで、彼女が毎晩かつての経験を夢見て少女になっているときに、トムがその夢の中に入ってきていたことがわかる。つまり永遠の時間は、過去のある時に位置づけられ、それと現在の時が出会うのである。

同じような構造は、ジョーン・ロビンソン作の『思い出のマーニー』にも認められる。孤児となって、ミセス・ブレストンに育てられているアンナは、喘息の転地療法のために海辺の村に住むペグ夫妻のところにやってくる。トムの場合は弟の病気のためだが、病気という非常事態のために、いつもとは違う場所に行くというのが、どちらの物語においても、全く異なる次元に至るための導入になっているところはおもしろい。アンナは、そこの古い無人の屋敷でマーニーという不思議な少女に出会い、交流を深める。アンナの出会ったマーニーとは、「もう一人の自分」であり、彼女の魂のような存在であろう。この出会いと交流が永遠の時間や自分の存在の根源を象徴している。アンナはマーニーに突然に別れを告げられて、マーニーは自分のこころの中だけに存在していたようにも思うが、後にマーニーは自分の祖母にあたる人物で、娘を交通事故で失って、孫娘を引き取るが、自分も間もなく亡くなったことがわかるのである。この場合も、永遠の時間や魂の存在は、過去における人物に位置づけられているのである。原題の「When Marnie was there」（マーニーがそこにいたとき）が、それを如実に示している。

## 5　心理療法と時間

### 近代の時間とこころの古層の時間

心理療法というのは、こころの歴史から考えると非常に特殊なあり方をしている。エレンベルガーが分析的な心理療法の祖先を古代からの癒しの技法に遡ったように、心理療法の方法やこころ観は、こころの古層に通じるところがある。しかし枠組みとしての時間・場所・料金を定める設定は、心理療法が一九世紀末から二〇世紀のはじめに成立したように、極めて近代的である。

時間に関して考えてみると、すでに述べたように心理療法は、開始と終了時刻を決めている。たとえば、私が勤めている病院でも、九時から、一〇時からのように、一時間おきに枠がある。しかし九時ちょうどに面接がはじまって、九時五〇分になると終えないといけないというのは、極めて近代的な時間観である。河合隼雄は、スイスで訓練を受けて帰国して、一九六〇年代に日本で心理療法をはじめたときに、いかにこの時間の設定をクライエントに受け入れてもらうのに苦労したかを書いている（河合隼雄『カウンセリング教室』）。「昔の日本文化ではみんな時間と関係なしに生きていましたから」というように、当時はまだ前近代の時間観が強かったようである。たとえば午後二時に予約をしていると、すでに一時にはクライエントの人が来てしまっている。クライエントからすると、遅れないように余裕をもって前から来ているつもりである。ところが、前近代の時間感覚や人間関係からすると、すでに到着している人に、一時間待ってもらうわけにもいかない。したがって二時の約束であるけれども、一時過ぎにははじめることになる。そして河合隼雄は、説明をして回数を重ねるにつれてだんだんと定時の二時に来てもらえるようになったとしている。また話が盛り上がっているのに、時間が来たので終わってもらうのもむずかしい。このように定時にはじまり、どのように話が盛り上がっていようとも、また遅れてきたのであろうとも、定時で終わるというのが極めて西洋近代の時間観に基づいており、ある意味不自然であることがわかるのである。

ところがこの決められた五〇分は、一日のうちの五〇分、一週間に一度会うとすると一週間のうちのたった五〇分ではない。そうだとすると、心理療法の効果はあまり上がらないであろう。せっかく心理療法で気分が変わったり、何かの洞察を得たりしても、それはクライエントの中のほんの短い時間に過ぎない。たとえていうなら、ドーピングをしても効果が少しの間しか続かないようなものである。そうではなくて、心理療法において根本的なこころの変化が生じうるのは、その五〇分が日常と区別された聖なる時間であり、その意味で無限の時間に対して開かれた垂直的な時間だからである。その無限の時間に届き、そこから照射されることによってはじめて、クライエントのこころや全存在が変わることになる。心理療法の時間は、外から見たら、あるいは水平的な時間とすると単なる五〇分という有限の時間であるけれども、内から見て、垂直的な時間として体験するならそれは無限の時間なのである。

## 聖なる時間

しかし心理療法の五〇分間が聖なる時間であるといっているだけでは不十分である。確かにそのように時間を限り、固定する枠組みだけでも効果はあるが、聖なる時間や垂直的な時間にふれるためには、さらなる仕組みが必要となる。

## 垂直の時間と過去

能や様々な時間を用いたファンタジー文学において、垂直的な時間は歴史化されることを指摘した。つまり根源的な時間は、神話のときや無限の時間としてではなくて、歴史上のある出来事や人物によって体現され、その人物に出会ったり、あるいはその人物を救済したりすることが、根源的な時間につながることになる。能においては、過去の人物の成仏が明らかに中心になるが、『トムは真夜中の庭で』においても、『思い出のマーニー』においても、主人公のこころの成長だけではなくて、ハティであれ、マーニーであれ、主人公が出会った過去の人物の癒しの物語でもあるのが興味深い。つまりそれは相互的なのである。

精神分析は同じようなことを過去の歴史上の人物ではなくて、過去の生活史の中での人物と行おうとする。つまり自分がどのように親に育てられたか、親との関係に基づいてどのような人間関係のあり方を形成してきたかなどに焦点を当てるのである。外傷体験へのアプローチもその中に入ってくる。現在の問題や現在の人間関係だけを扱って解決を求めていても、それは表面的なものにとどまりがちである。過去の親子関係などを扱うことは、一見すると時間を水平的に原因へと遡って、因果的に解決を見出そうとしているようであるけれども、そうではない。精神分析の方法は実は垂直的な時間に入っていこうとし、時間の根源からこころを変容させようとしているのであって、その方法として過去の出来事や過去の人間関係を用いているのである。それはある意味で、過去の物語を書き直すことなのである。

そして過去の物語を書き直すためには、トムがハティに、アンナがマーニーに出会ったように、実際の出会いが必要である。それが主に転移・逆転移と呼ばれる治療関係になるのである。

## 垂直の時間と神話

それに対してユング派の心理療法は、垂直的で神話的な時間をより直接的に目指しているといえよう。そのために夢などのイメージが重視される。そしてそのイメージを過去の体験などに還元せず、時間の根源からの新しい創造として捉えていく。

そのために使われる道具が、イメージの象徴解釈であり、元型という考え方である。たとえばすでにふれたようにカラスの夢を見たとすると、昨日カラスをみかけたからとか、テレビ番組でカラスが出ていたとか、昔のカラスの体験とかで夢を理解しようとすると、水平的に遡るだけになってしまう。それに対して、カラスの象徴性から夢にアプローチすると、永遠の時間から送られたものとして夢を理解していけるのである。

# 第8章　こころの内と外

## 1　こころと共生

京都こころ会義

西洋の伝統の中では、キリスト教がひとりで隠れて神に祈ることを勧めて、人間の内面を強調したり、デカルト哲学がこころを物体から峻別したりしたことを踏まえて、こころは内にあるものとして理解されている。しかし一般に前近代の世界観では、こころは外にある、つまりこころはオープンシステムであると考えられてきたようである。たとえばシャーマンの脱魂や憑依のテクニックからしても、身体の外から、それどころか異界から悪霊などが侵入してくることがあり、失われた魂を求めて、シャーマンの魂は天空を駆け、冥界を訪れることが可能である。こころは内にあるのか、それとも外にあるのかという問いとの連関で、共生という考え方を取り上げたい。

私の勤める京都大学こころの未来研究センターでは、稲盛財団の支援を受けて二〇一五年からスタートした「京都こころ会議」というプロジェクトがある。「こころ」という日本語には、mindやpsycheなどに比べて、より広くて深いニュアンスがあり、それを大切にしながら「こころ」とは何かを問うていこうというものである。まさにこれはこころの古層に関わるプロジェクトであるし、オープンシステムとしてのこころに基づくものでもある。

すでに指摘したように、西洋におけるこころは、身体から峻別されたものであり、また内面的なものとして理解されている。それに対して日本語のこころは、これまでも見てきたように、外に広がっているものである。それをここでは、「共生」ということばを切り口にして検討してみたい。その際には、「第一回京都こころ会議国際シンポジウム」(二〇一七年)として、「こころと共生」(Kokoro and symbiosis)をテーマにしたものも参考にしたい。

## 共生とこころの古層

この「共生」という考え方は、まさにこころの古層にも最前線にも関わっていると思われる。日本のことわざに「一寸の虫にも五分の魂」というのがあり、日本の仏教には「草木国土《そうもくこくど》悉皆《しっかい》成仏《じょうぶつ》」という概念がある。エリート宗教であった初期の仏教が、次第にその悟りの対象を広げていき、その結果として人間のみならず、動物も成仏するという考えは大陸の仏教で天台宗においてすでに認められていた。しかし仏教ではこころをもつ「有情」ともたない「非情」の区別をするけれども、非情である植物まで成仏するというのは主に日本の仏教で発展してきた思想である。最澄の弟子である円仁、円珍を受けて台密、天台宗の密教を完成させた安然によると、悟りとは草木と人、人と動物のこころの区別がなくなることで、草木が主体となって成仏するのが「草木国土悉皆成仏」であるという（末木文美士『草木成仏の思想——安然と日本人の自然観』）。

もっともこれは、成仏の範囲を広げて、展開してきた仏教思想の帰結というより、むしろこころの古層にあるアニミズム的なものが日本に強く残っていて、それが仏教思想として定式化されたと考えた方がよいであろう。つまり人間だけではなくて、全てのものがこころをもち、こころは森羅万象に広がっているのである。そして全てのものが成仏できるというのは、この世だけでなく、死後の世界までも含んだまさに共生の思想であるといえよう。

## 共生と現代

西洋近代は、こころを人間の内面にだけに限定してしまい、またこころと体を峻別した。それに従って、個人の人間のみにこころがあることになり、他の全てのものはそれから観察され、操作される対象となる。しかしこのような人間中心主義的で個人主義的なこころ観は限界に直面してきているように思われる。広井良典が示しているように、資源の有限性によって、人類による一方的な開発や拡大が限界に達してきている。そのためにエコロジーなどが強調されるようになり、有限な資源を分け合う共生、さらには自然との共生が必然になってきている。あるいは動物との関係についても同じで、人間がどんどんと野生動物の領域に侵入することによってある種が絶滅したり、あるいは逆に野生動物にしかなかった感染症が人類に広がったりして、大きな問題を引き起こしている。いろいろと明らかになっていないこともまだ多いが、新型コロナウイルスによるパンデミックも、このような問題の現れの一つであろう。このように共生は、こころの古層に存在していると同時に、現代において異なるコンテクストから再びクローズアップされてきていて、興味深く、大切な視点であるといえよう。

## 弱者による共生と強者による共生

また、このことは、同じように共生ということばを使っていても、そのニュアンスが非常に異なる理解が可能であることを示唆している。こころの古層における共生は、家族、共同体に包まれての共生が、いわば同心円的に自然から宇宙、さらにはあの世にまで、原理的には無限大にまで拡大したもので、その包まれる世界に人間は寄りかかり、それに頼って生きている。それは弱者による共生であり、宇宙的なこころや自然に元から包まれている共生である。

ところが現代における共生は、個として確立されたこころが、自己中心的に目的や利益を追求することの限界に突き当たって、再びつながりを求めたり、他者と共存をはかったりしようとして生じてきたものである。したがってこれは強者による共生であり、再び共同体や自然につながろうとする共生である。自然保護という思想にもそれが典型的に認められ、あくまでも強い人間が主導して、弱い自然を保護するものなのである。

## 共生と排除

その意味で現代における共生では、グループ内での共生が引き起こす、外との対立が問題になる。つまり共生は、こころの古層におけるもののように、自動的に同心円的に無限大の世界にまで広がってはいかず、ともに共生しようというグループとその外のグループとの対立を生みがちになる。京都こころ会議においても、四名の発表者のうちの三名がこの問題を扱っていたのが興味深い。即ち釈徹宗はこれを様々な宗教の間の対立として「信仰の共生」という演題で取り上げ、広井良典は、この問題を「共生のパラドックス」と名づけ、中国の認知科学者 Shihui Han は、「人類の共生を妨げる認知・情動基盤と神経機構」と題する講演の中で、共生が異なる人種において生じにくいものであるのを、痛みに関する共感の実験結果から示した。やや単純化して説明すると、痛みを感じている場面を被験者に実験的に提示しても、異なる人種への痛みの共感は、同じ人種への共感よりも弱いのである。

共生が生み出す排除は、強者による共生の思想が弱者による共生の思想とぶつかるところでも顕著になる。人間中心主義や個人の利益を追求していった西洋の考え方は限界にぶつかったゆえに、「環境保護」や「持続可能性」という思想や政策を生み出す。しかしそれは佐藤仁が『反転する環境国家』で指摘しているように、非西洋社会での弱者による共生をまさに否定することになっていく。たとえば森林保護のために、そこに住んでいる人間が伝統的な生業を奪われることになったりする。

安易に共生を礼賛するだけではなくて、その思想の背景をよく見極める必要があろう。

それに対して、日本での共生の考え方は、こころの古層における共生の考え方であり、弱者の共生、換言すれば自然に依存する共生を強く残している。日本では、神道のような元々の宗教を残しつつ、他の宗教を受け入れてきたところがある。またダーウィンの生存競争に対して、今西錦司の生物学において「棲み分け」という考え方が生まれた。これらは日本人のこころの古層における共生の捉え方が未だに存在していることを示唆しているのかもしれない。しかしそれは、西洋の共生や環境保護の思想や活動家からすると、生ぬるく問題のあるものに見えてしまうのである。種の保護や環境保護などに関する議論は、ついつい過激で、それこそ共生の考え方に矛盾する一方的なものになりがちであるが、その思想が何に由来しているかについても、よく検討し、自覚する必要があるかもしれないのである。

## 2　個と共生

### 個体化と共生

「共生（symbiosis）」という概念には、共同体、自然、宇宙、さらにはあの世と、どこまでも同心円状に広がっていくようなこころの古層にあると考えられるものと、近代における個人や人間を中心とした考え方の限界と反省として生じてきているエコロジー的なものとがあることがわかった。

　ここではさらにこれを「個と共生」という切り口で考えてみたい。これは確かに西洋近代における個人の確立とそれによる共同体や自然との葛藤が生みだしたテーマであるけれども、広井良典によると、人類史にとどまらず、生命史も共生と個体化の二つの方向の間のダイナミクスとして理解できることを示してくれていて興味深い。つまり原核細胞という個が誕生して、後に通常のバクテリアと、酸素呼吸を行うバクテリア、光合成を行うバクテリア等が「共生」して真核細胞が形成され、さらに多細胞としての個体が生まれる。人間の歴史を考えると、コミュニティという共生システムができるが、近代には個人や自己意識が確立され、個体化の方向が強まっていく。このように個体化と共生の緊張関係として生命もこころも捉えることができるのがわかる。

　そのように見ていくと、ポストモダン的状況においては、個体化と共生に新たな関係が生じてきていると考えることができよう。つまり現代において、コミュニティなどの近くの自然な集団を失って個体化がますます進んだ結果、個人がネットで発信し、つながっていくことによって、外からの関係が切れて内に閉じこもったものはＳＮＳなどで再び外に向けて開いてつながっていっている。自分の内で日記を書くのではなくて、フェイスブック、インスタグラムなどを用いて、外に向けて個人的なことも開いていこうとする。ここに内から外への反転と新しい共生のあり方が見られるかもしれないのである。

## 共生と内から外への反転

Joseph Cambray（ジョセフ・ケンブレイ）の講演「共時的現象と心理学的共生」は、まさにこの究極の内から外への反転としての共生を扱っているといえよう。つまりユングの理論と体験に基づきつつ、個体化と共生が緊張関係にあるだけでなく、そこにある種の逆説的なつながりや反転があることを指摘しているのである。近代の深層心理学は、どこまでも個人のこころを深めていこうという立場であり、だからこそ意識だけにとどまらず、無意識のこころを前提とする。つまり自分のこころの深みにある他者を、無意識として捉えるのである。

ところがユングは、個人のこころを深めていくと、個人の体験を超えた無意識の層に至ることを発見し、それを集合的無意識と名づけた。つまり個人の無意識の内面の深いところには、神話や象徴に満ちたこころの層があり、それは個人的な経験を超え、いわばコミュニティとしてのこころの古層につながるのである。ここには、最内奥のものが外に反転し、共生につながる契機がある。前近代の世界観においては、個人、共同体、自然などが同心円状に広がっていく共生であるのに対して、ユング心理学における共生は、個人を深めた逆説や反転として生じてくるのである。

しかし集合的無意識といわれるものが普遍的なものとつながっているとしても、それはあくまでもその内容が歴史・文化的に伝わり、共有されているものであって、それがイメージとして生じているのは個人のこころの中のことである。ところがユングはさらに、個人のこころの中で生じていることが、因果的な関係なしに外的な出来事や、他者のこころとつながる共時性ということを提唱した。有名なのは、ユングの患者がコガネムシの夢を語っていると、面接室の窓にコガネムシがぶつかってきたという出来事であるが、ユングは多くの共時的出来事を心理療法や自分自身の体験から報告している。また心理療法に関わっていると、そのような共時的現象によく遭遇し、それがこころの変容に大いに関わっていることが多いことに気づかされる。

ところで、たとえば『遠野物語拾遺』などを読むと、前近代の世界において共時的現象は何も特別なものではないことがわかる。たとえば、すでに取り上げた話であるが、山で道に迷った父親が、子どもの名前を呼んでいくと、家で熟睡している息子が驚いて目を覚ましたりする（『拾遺一四五』）。このようなことは前近代の世界ではよくあったことで、人々に自然に受け入れられていたと思われる。つまり人々は森羅万象がつながっており、共生している世界観に生きていた。ユングの共時性なるものも、そのようなこころの古層にあるものを捉え直したものに過ぎないといえるが、ユングが個性化という概念を用いるように、個体化や内面を突き詰めたところで反転して共生のあり方が生じてくるところが独特である。

## ポストモダンと新しい共生

しかし共時性は、前近代的なものや、オカルト的なものなのであろうか。ジョゼフ・ケンブレイは、それが決してオカルト的なものではなくて、ニュートン的な自然科学には当てはまらないものではあるけれども、現代の様々な自然科学の理論からすると理解できるものであることを指摘する。たとえば共時性は複雑系の理論で捉えることができ、極端に思えるような共時的な出来事は、複雑系の理論からすると出現頻度が少ないものであるということに過ぎない。

さらには創発の理論に基づいて、リゾーム（地下茎）のメタファーによると、自然界に生じることは、相互に関連し、共生的であることが示される。最新の科学理論を駆使した講演をわかりやすく伝えるのはむずかしいが、ここでも前近代、近代、ポストモダンという三つの時制を考えることができるのが興味深い。つまり近代科学が個や近代意識と関わっているとすると、共時性的な共生は、個以前の前近代にも、個を超えてきたポストモダン、あるいはこころの最前線にも関わっているようなのである。そして中沢新一が『レンマ学』で試みているように、それを科学として捉え直すことは重要であろう。

## 3 心理療法の内と外

**アウトリーチ**　こころの内と外のテーマは、心理療法のあり方の変化にも関わっている。症状が変化してくると、それに対応する心理療法も変わっていくのは当然のことである。そのことについては、悩まないクライエントや、発達障害の増加などに関して、これまでもふれてきた。しかしそれだけではなくて、心理療法の形態そのものが近年において変化してきているように思われる。近代に成立した心理療法は、病院や相談室に自主的に相談に訪れる人を対象としていた。つまり心理療法は内側で待機している受け身の姿勢を基本としていて、自ら問題と向かい合おうとするクライエント側の主体性を重視していた。

ところが近年の心理療法は、震災などの災害時や危機的状況におけるこころのケア（河合俊雄「震災のこころのケア活動」）、学校におけるスクール・カウンセリング、小児科や自己免疫疾患を中心とする内科でのカウンセリング、病院でのターミナルケア、犯罪被害者のサポート、さらには少年院の中での心理療法などに典型的に見られるように、むしろ心理療法家の方が被災地、病院、施設など外に出向いていって、クライエントの自主性に委ねるのではなくて、サービスとして心理療法を積極的に提供しようという傾向が強まっている。

もちろんこれまでのような精神科や相談室、さらには個人のオフィスでの心理療法も多く行われているけれども、様々なかたちでのアウトリーチとしての心理療法の占める割合は、もはや無視できないくらいの部分を占めている。このような心理療法のアウトリーチ化という形態の変化は、われわれのこころの変化とどのように対応し、あるいは逆にどのようにこころに影響を及ぼしているのかを考えてみる必要があろう。これもこころの内と外のテーマに関わってくるのである。

## 心理療法と内面

まず検討してみたいのは、心理療法のパラダイムである内面という考え方である。近代に成立した心理療法においては、「内面」というものが大切であった。

エレンベルガーの『無意識の発見』における癒しの技法の歴史的紹介などからもわかるように、前近代の世界での癒しは、閉じられた個人に対してではなくて、共同体に対して開かれて行われていた。それは問題行動や病気が、その人個人の原因によるのではなくて、悪霊などの共同体全体における問題に起因していて、またその解決も共同体全体で共有しないといけないからである。

それに対して一九世紀末に成立した心理療法は、症状や問題を個人の内面の問題として受けとめ、そのために治療者との個人契約と秘密保持の約束によって、閉じられた内側を作り出す。クライエントからすると、まず時間・場所・料金をという治療枠を守って、治療構造の内に入ることが大切である。治療者からすると、枠を守って、相談内容はたとえクライエントの家族であっても知らせてはいけない。実際に多くの事例検討会で、親や担任の先生に相談内容を話したがためにセラピーが失敗に終わったり、危機を迎えたりした例をいくつも聞いてきた。

### 社会のシステム化と連携

ところがこのような原則は、心理療法のアウトリーチ化によって大きく変化してきている。たとえばスクール・カウンセリングにおいても、もちろん秘密保持の原則は大切であるけれども、担任などとある程度情報共有しないといけない場合が増えている。カウンセラーがクラスに出向いていったりすることもあって、一人の生徒にだけではなくて、まさに共同体としてのクラスの中のクライエントに関わることすらある。

従来の精神科などの枠以外で、病院で身体疾患の患者さんのカウンセリングやこころのケアに関わる場合も同じである。主治医や医療スタッフとの連携がどうしても求められることになる。また院内の心理療法やカウンセリング専用の面接室ではなくて、入院患者の部屋を訪問してのカウンセリングややり取りがどうしても増えてしまう。ターミナルケアの場合などは大部分が部屋を訪問してのものになってしまう。

## 国家資格と連携

このことは、各国での心理療法家の国家資格化によっても強まっているように思われる。日本でも国家資格としての公認心理師の成立とともに、多職種連携が強調され、また法的責任が明らかになるとともに、個人の契約という考え方に基づいて、治療的判断で秘密保持を行うことはほぼ不可能になっている。たとえばあるクライエントが万引きをしたことを告白したり、誰かを殺そうと思っていると言ったりしたときに、心理療法の原則の中では、それの治療的・象徴的意味を考えたうえで、現実原則との間で葛藤して、クライエントと治療的に向き合ったり対応を判断したりすることが可能であったし必要であった。つまり万引き自体は犯罪であっても、それは治療のプロセスの中で意味のある行動であることもあるし、その秘密を治療関係の中で抱えていくことによって象徴的な意味が実現し、クライエントに大きな変化が生まれるかもしれない。しかし法制化されシステム化された世界では、そのようなことは不可能になっている。つまり伝統的な心理療法の内空間の独立性はなくなり、外の法的システムに組み込まれてしまっているのである。

同じようなことは保険診療における保険会社に対しての報告書や医療機関におけるカルテについてもいえて、治療契約の外側に治療を報告していることは必然的に治療に影響を及ぼす。ポストモダン的な状況は、個人や内面という近代の装置を壊していっていると思われる。その中で、こころの古層と思われていた共同体的な側面が、システムとして姿を変えて現れているようなのである。

## 4　心理療法と共同体機能

前節で、心理療法のあり方が変わってきたことに伴うこころの変化を取り上げて、心理療法がサービス化する中で、内面の問題として心理療法を捉えるというパラダイムがむずかしくなってきていることをまず検討した。ここでは心理療法のサービス化によって出会うクライエントの問題とそれへの支援の変化についてふれたい。元々の心理療法は、自主的に来談して、料金を支払うことのできる人を想定している。これはつまり、クライエントにある程度の社会的・心理的能力があって、個人で解決する自覚と意欲が伴うことを前提としている。

### 心理療法のサービス化

ところがサービスによって対象を広げると、そのような前提を満たしていない人と出会うことになる。セラピーに対してモチベーションや自覚がないだけではなくて、ベースとなる養育環境や社会構造が弱すぎる場合すらある。そうすると、それはクライエントやその問題のある種の二極化を生んでいくのである。

**心理療法の対象の二極化**

まず一つの可能性として、心理療法の適用範囲を超えるような困難な事例に直面することになる。実際のところ、心理療法がその対象を広げていくうちに出会ったのはこのようなクライエントであって、一九七〇年代や八〇年代に多かった境界例がこれの典型的な例であろう。そもそも治療構造に導入することが困難になる。さらには心理療法以前に行動化などによる社会的問題の方が大きすぎるケースも存在して、まずそれへの対処の方が優先されることになる。

あるいは心理的な訴えをするクライエントだけではなくて、いわゆる心身症の患者に対象を広げたのも同じような動きである。この場合には、すでに取り上げたアレキシサイミアの概念に見られるように、心理的な訴えを言語化するのが困難な人が多くなり、必然的に通常の心理療法を行うことは困難になる。

それに対して近年において顕著なのはこれらの逆のような場合で、本来はあまり心理療法を受けるつもりがなくて、養育環境なども非常に悪い人が、心理療法によるサポートをサービスとして受けることで、時には飛躍的な成長や改善を遂げるケースである。たとえば子育て支援によって、何回かの無料の親子合同や別々のセラピーを受けることによって、子どもの問題行動が改善したり、発達の遅れが取り戻されたり、親子関係がよくなったりすることがある。あるいは学生相談において、授業に行きにくく、人とうまく関係をもつことができなかった学生が、何回かの面接を経て、問題なく学業を続けることができたり、友人を見つけることができるようになったりする。

このように心理療法がサービス化することによって、一方で非常に重症なクライエントに、他方である意味で軽症なクライエントに出会うことになっているようである。

**基本的な心理療法の効果**

事例検討会やスーパーヴィジョンで、クライエントの生育史や現在の環境などにはあまり治療的にポジティヴな要因はないけれども、比較的早く展開する事例を聴いている印象では、セラピストが特別な介入や技法を用いているようには思われない。確かに近年において、発達障害的な人が増えるに伴って、セラピストが心理療法の基本姿勢を保って傾聴しているだけでは十分でなくて、セラピストが積極的に主体性を発揮することが必要になる事例が多い。

しかしここで話題にしている事例では、面接の時間を設定し、クライエントを受け入れて自然に接し、よく話に耳を傾け、セラピーが一つの定点となるという心理療法の基本的なスタンスがおおいに寄与しているようなのである。それは子育て支援についても同じである。

**共同体機能としての心理療法**

同時に目につくのは、クライエントの生育史や現在の親子関係をはじめとする環境があまりよくなくて、それがセラピーを通じてあまり改善されるわけでもないけれども、本人の変化は見られることである。元々の心理療法は、家族や共同体によるサポートでは飽き足りない人が、個人としてこころの問題の解決を求めるという側面が強かったように思われる。そしてセラピーを受けた結果、個人的に問題を解決していくと、家族も変化していくことが比較的多かった。

ところがここで取り上げている事例では、むしろ以前には当然のようにあった拡大家族や共同体によるサポートをセラピーが肩代わりしているようなのである。適切なサポートを受けた人は、生きていき、成長していくことができるのである。

親の養育が十分でない家庭は前近代の世界でも当然ながら存在しただろうが、それに対しては拡大家族や共同体からの助けがあったと思われる。しかしそれが弱まる中で、むしろ心理療法が共同体などからあったサポートを、子育て支援、スクールカウンセリング、学生相談などとして代わりに提供しているように思われるのである。もっともそれは、直接的な社会的援助や財政的援助ではなくて、あくまでこころの定点を提供する心理療法的なものである。

様々な社会的問題に関して、政治は直接的な援助を考えがちであるけれども、こころの専門家が定点として存在することの意味を認識し、またそのような専門家を提供していくことを検討した方がよいかもしれない。そのようなこころの定点を提供するだけで、社会的な面でも改善が見られることも多いのである。そして心理療法がサポート的に変化してきていること自体が、家族や自然な共同体に十分なリソースがなくて、外からのサポートが必要な時代の変化やこころの変化を反映しているのかもしれないのである。福祉については、高齢者の介護をはじめとして、十分認識されていることであるが、心理面についても同じことがいえるかもしれない。

## 5 心理療法とネット

### ネットによるカウンセリング

心理療法は、時間・場所・料金という構造を守るのを原則としているが、これまで取り上げてきたアウトリーチ化とサービス化は、まさにその原則を揺り動かしていることがわかる。今回はそれに加えて、テクノロジーのもたらした変化について検討したい。

以前から電話でのカウンセリングは存在していて、それの是非も常に問われてきたけれども、近年におけるインターネットの進歩によって、Skype や Zoom などを用いて面接することが増えている。料金や時間を固定するという点では変化はなく、電話とは異なって相手の姿や顔を見ることはできるけれども、場所という点でこれまでの設定と大きく異なっている。クライエントはわざわざクリニックやセラピストのオフィスに出てくる必要はなく、自宅などから心理療法を受けることができるのである。

二〇一九年末に中国の武漢ではじまったコロナウイルスによる新型肺炎の流行は、ネットによるカウンセリングを大きくクローズアップさせ、またこれまではそれを使っていなかった心理療法家も、使わざるをえない状況に追い込まれた。都市がロックダウンされ、さらには外出制限まで出されてしまうと、心理療法に通うということが全く不可能になるからである。これはネットによるカウンセリングの壮大な実験のようでもあり、またこれまでのあり方を変えてしまうかもしれない。

## 訓練とネット

しかしネットを通じての心理療法は、特にセラピストの訓練に関して議論されてきた。通常の心理療法においては、自分の通える範囲からセラピストを探すであろう。ところが訓練に関しては、ある学派やグループの心理療法家になろうとする者は、その学派の資格をもつ分析家に分析や心理療法を受けることが義務づけられているので、遠隔地の分析家に分析を受けることも生じてくる。極端な場合には、たとえばユング派の分析家になろうとしても、その国や近くの国に分析家の訓練機関やそもそも分析家が存在しないこともあって、時には何時間もかけて飛行機や電車に乗らないと分析を受けられないこともある。その中でネットを使っての分析ということがクローズアップされてきた。

これについては、実際の対面でないと分析の意味がないというやや原理主義的な意見から、ネットの分析でも同じであることを示す研究結果まで（Merchant, 2016)、様々な考え方がある。そのためにユング派の訓練、特に訓練機関が存在しない国での訓練を国際分析心理学会が代行している場合においては、以前には二時間のネットでの分析を一時間の対面での分析に換算するというルールまで存在したが、現在では同等の時間として認められている。もっとも国際分析心理学会の定めている最低の分析時間は二四〇時間（各研究所の求める時間はもっと多く、たとえば日本では三〇〇時間）であるけれども、全ての時間をネットで行うことは認められていない。現時点では、最低一〇〇時間の直接対面しての分析が求められている。これは一方では実際の対面での分析を大切にしながらも、ネットでの分析も同等の効果が得られるという研究も踏まえて、週一回などの分析の連続性や時間間隔をネットでの面接をはさむことで一定に保つことを重視して出てきた妥協案であるといえよう。

## ネットと法的問題

ネットでの面接は、さらに法的な問題をもたらす。アメリカでは、州ごとに異なる心理療法家の資格が存在していて、たとえばニューヨーク州で資格をもっている人がカリフォルニア州に引っ越しても、その資格は通用せず、新たにカリフォルニア州の資格を取る必要がある。ところがネットであれば、州の境界を超えての心理療法やスーパーヴィジョンが簡単にできることになるけれども、それは資格がない地域での法的には違法な行為ということになる。さらに州や国を超えての心理療法で、倫理的問題や法的な問題が生じたときに、どこでその問題を扱うことができるのかも非常に複雑である。国際分析心理学会は、それぞれの場所の加盟団体の倫理委員会が、たとえ他の場所や国で自分のメンバーの引き起こした問題であれ、そのメンバーに対して責任をもつことを求めている。しかし法的には、そのようにはいかない場合もある。

**ネットのメリット・デメリット**

物理的に通うのが困難な場合にネットでの面接が導入されるのは次善の策として仕方がないかもしれないけれども、そのような方法が可能であることを知ってしまうと、たとえ一時間くらいかけて心理療法家のオフィスや相談室に通うことができても、ネットで済まそうという発想も生じてくるかもしれない。するとそもそも心理療法を全てネットでしか行わない形体も考えられるかもしれない。

心理療法が場所を定めている意味は大きく、そのことが大きな守りになっている。自分が普段過ごしている場所やコンテクストから離れて、決まった場所に赴くからこそ、そこで秘密やこころの深い内容を語ることができる。しかし自宅や、仕事場から心理療法を受けられるとどうなのであろうか。日常の自分から離れることはできるのであろうか。折しも、新型肺炎の流行によってオンラインによる心理療法しか受けられなくなった場合に、家族に黙って心理療法を受けに行っていたのがばれてしまう、家の中で静かにネットで心理療法を受ける場所が確保できない、などの問題も生まれている。たとえそういう場所が家の中で確保できていても、日常の生活から心理的に距離をとることが困難になる。場所による守りは明らかに弱くなるのである。

さらには、無駄なように思えるけれども、わざわざ時間をかけて心理療法を受けに行くことの意味も大きい。多くのクライエントは、心理療法家に会いに行く道中に、自分を振り返り、こころの準備をする。また帰りにも、セッションで起こったことを振り返り、自分なりに消化しようとする。それが自宅で受けられるとするとその前後のプロセスはなくなってしまうであろう。巡礼の意味についてふれたように、心理療法に通うこと自体が巡礼となっている場合もある。このようにテクノロジーの進歩による面接は心理療法に大きな変化をもたらしつつあるのである。

## 6　ネットと身体・異界

### 心理療法の通販化

前節において、いかにネットによって心理療法の原則やあり方が良い意味でも悪い意味でも変わってきているかを述べた。それには、身体と場所の意味の変化が大きいように思われる。心理療法にとって、それが行われる相談室は聖地のような意味をもつ。それは治療原則によって守られた、日常とは区別された閉じられた時空間であるし、そこを訪れるのは巡礼のようでもある。だから実際に身体を伴ってそこに赴くことや、そこで一緒に存在することが重要である。

ところがネットでの心理療法が可能になると、そのような聖地を訪れるニュアンスはなくなるかもしれない。場所に縛られないあり方は、すでに企業やビジネスの領域では進んでいることである。日本では未だに大きな会社が東京に本社を構えているけれども、アメリカでは地価が高い大都市に本社がある企業はまれになってきている。そして在宅勤務が増えてきているのと同じように、セラピストにもクライエントにも、在宅心理療法が可能になっていくかもしれない。

これはビジネスとして考えると、人々が地元の商店ではなくて、ネット通販を選ぶようになっていったのと似ている。つまり心理療法においても、自分の通える範囲からセラピストを探すのではなくて、理論的には世界中どこからでも、自分に合い、優秀かつ有名で、しかも価格設定が適切なセラピストを見つけることができるのを意味するし、セラピスト側からすると、世界中のクライエントに対してオフィスを開けていることになる。実際のところ、多くのアメリカやイギリスの分析家が東ヨーロッパや東アジアでSkypeやZoomなどによる分析やスーパーヴィジョン、さらには事例検討会を行っている現状は、自分の地元での訓練候補生が減っていることと関連しているかもしれず、新しいビジネスの展開のようでもある。

### つながる身体

しかしここで問題にしたいのは、ビジネスとしての側面よりも、ネットによる心理療法における身体と場所の意味である。ネットによる心理療法については、身体を伴った対面の心理療法のように深めることができず、平板化と安易化を招くという批判をよく耳にし、議論が分かれているところである。本当にそうであろうか。

唐突かもしれないが、現代の心理療法における身体と場所の意味について、村上春樹の作品を参考にして考えたい。村上春樹の小説において、人々が本当につながるのは、電話やパソコン通信などのメディアを介しての場合が多い。たとえば『ねじまき鳥クロニクル』の冒頭において、主人公の妻クミコが失踪する直前に、謎の女性から性的な電話がかかってくる。それは日常性に侵入してきた異次元からの声で、非常に身体的なものであり、主人公の現実に激動をもたらす。そして主人公が失踪していた妻のクミコとついにコンタクトをとれるようになるのは、パソコン通信を通じてである。パソコン通信のような媒体が存在しない時代設定になっている『ノルウェイの森』では、電話が大切になる。最後の場面で、主人公は緑と電話で話す。

これらの例は、現代において人が本質的につながり、また異次元に開けるには、このようなテクノロジーによる通信手段を介してしかないことを示しているかもしれないし、逆にいうと、ネットを介してのつながりが、決して浅いものであったり、軽いものであったりするのではないことを示唆しているといえる。したがってネットによる心理療法が浅いものになりがちなのではなくて、むしろ本質的なことが生じる可能性があることになる。

**身体と異次元**

さらに興味深いのは、村上春樹の多くの作品において、身体が境界を超え、異次元に至ることである。『ねじまき鳥クロニクル』において、井戸の底に下りてこもっていた主人公は、壁を抜けてホテルの一室に至る。『海辺のカフカ』では、東京で父親が何者かに殺されたときに、カフカ少年ははるか離れた四国の神社で自分が血まみれになっていることに気づく。『1Q84』において、高速道路でタクシーから非常階段を通って下に降りた青豆は1Q8

4という世界に入ってしまう。身体は時空間を超えていくのである。

心理療法における相談室と違い、前近代における聖地は、閉じられたものではなくて、異界や異次元に開いているものであった。洞窟に籠もった修行者は、ヴィジョンとしてのマンダラを通じて宇宙につながっていく。それは『ねじまき鳥クロニクル』において、井戸の底に下りてこもることによって、異次元に移動できるのと似ている。身体は今ここにあるだけでなくて、異次元に開けていく可能性をもっている。しかしこれは生身の身体とは異なる身体であろう。

村上春樹の小説が示唆するのは、実際の空間において一緒にいなくても、本質的につながることは可能であるということであろう。さらには、壁抜けなどの描写は、身体はわれわれが普段意識しているのとは異なる次元に入っていくことができて、それは実際の身体が存在していない状況でこそ顕著になるのかもしれない。そのような意味で、ネットによる心理療法は、決して浅いレベルにとどまるものではなくて、むしろその現実的なハンディがあるからこそ、本質的なつながりや深さを教えてくれるかもしれないのである。今後の適用と検討を待ちたい。

# 第9章　死とこころ

## 1　死者と前近代の世界

### 心理療法と死

心理療法家なら誰でも、「死にたい」と訴えたり、自殺を試みたりするクライエントに出会ったことがあるであろう。なかには自殺未遂や企図にとどまらずに、不幸にして本当に自殺に至ってしまうケースもある。また近親者や友人の死の悲しみや、自らの死の恐怖もクライエントにとって大切なテーマである。さらには近年においては、心理療法がアウトリーチ化するに伴って、ターミナルケアや介護の問題を通じて、心理療法の中で死の迎え方に焦点が当たることがある。

谷川俊太郎との対談において、河合隼雄は自分が心理療法という仕事をやっている中核には、自らの死の恐怖があることを告白している。つまり心理療法、あるいは心理療法家にとって死とは、自分の関わる事例に関してだけではなくて自分自身にとっても重要なテーマなのである。それは心理療法における悩みや問いの背後に、人間存在の究極の問題があるからかもしれない。本書の枠組みから死について少し検討してみたい。

## 死の恐怖と近代意識

ところで、死の恐怖というのを抱くのは当然のことなのであろうか。クライエントの中には、死の恐怖と全く無縁のような人がいるのに気づかされる。死の恐怖は、河合隼雄の体験にもあるように、三、四歳の頃の意識の誕生とともに生じてくる。つまりこれは意識や自意識の発生と密接に関わっている。山極壽一が言うように、ゴリラやサルには死の恐怖はない。仲間が傷つくと、献身的に助けることはあっても、死んでしまえばその仲間は存在しなくなって忘れられる。死の恐怖は意識を失う恐怖として、意識をもつ人間に固有のことなのである。さらには死の恐怖は歴史的で文化的なことで、死ねば全てが消滅すると考え、それゆえに死に対して恐怖を抱くことは実は極めて西洋近代に特有の考え方で、キリスト教の時間観念をベースにした直線的な時間理解によっている（真木悠介『時間の比較社会学』）。したがって個人史的にも歴史的にも、死の恐怖はあるレベルの意識を必要とするのである。

## 死者の帰還

それでは前近代の世界では死はどのように捉えられていたのであろうか。それは死が終わりとなってしまうのではなくて、死は生の世界の背景に常に存在していて、生と死が循環する世界観である。時間に関して述べたように、背景に存在しているはずの死の世界は、儀式として定期的に訪れるような文化的装置に組み入れられていく。典型的な例としては、日本ではお盆の季節になると祖先がこの世に戻ってくる。そしてお盆が過ぎると、精霊流しや京都での五山の送り火などの儀式によって、祖先はまたあの世に戻っていく。つまり死は絶対的な終わりではなくて、生から死に至るだけではなくて、死から生へと戻ってくることがある。このような生と死が循環する世界観にとって、近代人の抱くような死の恐怖は無縁である。

　これは日本だけに限られたことではなくて、前近代の世界で広く認められる世界観である。すでに紹介したように、たとえば近年に日本でもよく知られているハロウィーンは、元々はケルトの世界において、一一月一日の新年の前に、あの世への扉が開いて、死者たちが戻ってくるサウィンというお祭りであった。ハロウィーンで子どもたちが家々を回ってお菓子をもらうのも、尋ねてくる死霊のために戸口や窓の外に食べ物を用意する習慣が元にある（鶴岡真弓『ケルト　再生の思想』）。

　このような前近代の死生観は、こころの古層としてわれわれにも残っている。心理療法を行っていると、お盆を特に意識していないのに、その頃に亡くなった近親者が戻ってくる夢を見て、クライエントが驚かされることがしばしばある。クライエントではないが、本郷恵子は、『怪しいものたちの中世』の第二章「夢みる人々」の冒頭で、自らの夢を紹介している。「亡くなった母が出てきたことがあった。どういう脈絡だったか全く覚えていないのだが、とにかく強烈な夢で、私は泣きながら目を覚ました。しばらくして、ああそういえばお盆だったと気がついた」。

そのようなことからすると、死とともに全てが消滅し、死者とのつながりも切れてしまうのではなくて、どうもわれわれは未だに、死んでも向こうの世界があり、死者ともつながって生きているという感覚をどこかにとどめているのかもしれない。

### ユングと死者たち

これはこころの古層と比較的つながって生きている日本人に特有のことと思われるかもしれないが、実のところユングも似た体験をしている。ユングは第一次世界大戦前から精神的危機に陥り、強烈なヴィジョンや夢を体験したが、それを乗り越えるためにイメージを積極的に喚起して、現れたイメージの人物像との対話を行っていった。それの内容が『赤の書』に記されているが、一度危機を乗り越えたはずのユングは、そこからさらに不思議な体験をする。それが死者たちの帰還である。

『ユング自伝』の記録によると、日曜日の午後五時頃、玄関のベルが血迷ったように鳴りはじめた。誰の姿も見えなかったが、死者たちは「われわれはエルサレムより帰って来た。そこにわれわれは探し求めるものを見出せなかった」と叫びはじめた。それに対してユングは「死者への七つの語らい」を執筆し、書きはじめるやいなや、死者たちは消え去っていったという。ユングが書いた内容は、死者たちへの説教である。死者たちへのお供え物の代わりに、「無は充溢と等しい」というフレーズではじまる、世界の原理を説明するという、ことばによるある種の知恵が与えられているのが印象的である。

ユングの体験や、心理療法での経験からすると、われわれには、生と死が循環し、死者たちとつながって生きているという感覚が未だに残っているようである。それはわれわれの生をより豊かにしてくれると思われる。

## 2　死の逆説と小さな物語

### 死の逆説と多様性

われわれのこころの古層には、死が単なる消滅ではなくて、死者があの世から還ってきたり、生と死が循環したりするような世界観が残っているようである。それは生と死が単純に分けられたり、対立したりするのではなくて、ある意味で逆説に満ちた関係にある。そこで死の逆説性について少し考えてみたい。またそれを抽象的に論じるのではなくて、実際の心理療法での体験から検討してみたい。

近年において、心理療法は社会の様々な場面に進出していて、医療領域においても、精神科や心療内科に限られていない。たとえばターミナルケアにおいても重要な役割を演じている。通常の心理療法が、症状から解放されたり、人間関係が良くなったり、会社に行けるようになったりなどのように、何らかのよい変化を目標とできるのに対して、死という否定的な結果が動かしがたい中での心理療法は特殊であり、困難に思われる。またその中で「死を受容する」とか、「死の不安を低減し、コントロールする」というような一般的な目標が掲げられがちでもあり、実際にそのような認知行動療法的アプローチがなされることも増えていっているようである。

ところが一見すると死という結果が決まっているように思われるからこそ、ここにまさに死の逆説性が現れてくる。ターミナルケアにおける心理療法の例を聴いていると、まずその個別性に驚かされる。このあたりが、認知行動療法によるアプローチが不十分な点なのであろう。死というはっきりとした、大きな結末が近いのにもかかわらず、それが必ずしも主たるテーマにならずに、その心理療法でのプロセスは驚くほど多様なのである。

これは宗教というものが、天国や極楽などの決まったヴィジョンとそれに導くための儀式をもつのに対して、心理療法がそうでないことによって生まれる大きな違いかもしれない。まさにオープンであることのおもしろさと、むずかしさがあって、この分野での心理療法家の訓練の困難さについても考えさせられる。だからこそクライエントもセラピストも、何か決まったことを求めたり、頼ったりしがちになることもあるのであるが。

### 死と生きる目標

死を目前にした状況において、死とは何か、死をどう受け入れるかなどの根本的な問いが必ずしも心理療法において中心にならないことは興味深い。そうではなくて、それぞれの人は、何か自分なりの具体的な目標をもつことが比較的多いように思われるので、ここではまずそれを取り上げてみたい。目標はたとえば、長年会っていない家族に再会することであったり、新しい製品を開発することであったりする。本人はあまり目標として意識していないかもしれないけれども、セラピストからすると、夫婦関係の改善がテーマになっていることなどがわかる場合がある。

これについては様々なことがいえるように思われる。心理療法の視点からすると、心身症や身体疾患における心理療法についても述べたように、何かの具体的な葛藤や課題に絞り込めることが大切である。ターミナルケアにおいても、何かの目標ができるというのは、同じような意味があると考えられる。

さらには、死を前にしても、どうせ死ぬからというニヒリズム的発想に陥るのではなくて、最後まで自分に課題を設けて成長していく人間のこころのすばらしさである。それは死を前にしての最後の生命の輝きのように感じられるのである。だから死とは生の終わりではなくて、究極の生ではなかろうか。心理療法を行っていると、引きこもりの場合をはじめとして、多くの人は死よりもむしろ生きていくことを恐れていることに気づかされる。これは実際の死が近づいたときにおいてさえ当てはまるのかもしれない。

またこの生きることの充実は、時間に関して述べた〈コンサマトリーな時間〉を思い起こさせる。その時に、ある課題に集中できることが、無限の時間や時間の根源に実はすでに到達しているのでである。それはある意味で、死を克服していることかもしれないのである。

## 大きな物語と小さな物語

もう一つは、大きな物語と小さな物語という視点でこのことを考えてみると興味深いのではないだろうか。死とは何か、人間は死んだらどこに行くのか、というのは部族にとって、文化にとって、人類にとって大きな物語であり、神話や宗教が答えを物語として提供してきたものである。時には心理療法で大きな物語と直接に取り組み、それへの個別的な答えを見出す人もいるけれども、それはむしろまれではなかろうか。たとえそうであっても、その答えは必ず個別的なものになるように思われる。むしろ先に例を挙げたように、多くの人は、長年会っていない家族に再会しようなどのように、小さな物語と積極的に取り組むようになる。

これに関しては、東日本の後の震災のこころのケアに関しても同じような経験をした。震災のトラウマにこだわる人の心理的な状態はあまり回復していかず、一見震災とは関係のないような、家族関係の問題などの具体的な小さな物語に取り組む人は比較的よく回復していったのである（河合俊雄「震災のこころのケア活動」）。

ここにも逆説があるけれども、具体的な課題が見つからなかったり、それに取り組むことに抵抗があったりするから、死とは何だろうという大きな物語にこだわってしまう人がいるかもしれない。逆に死を忘却し、抑圧したいから、ある種の逃避として具体的な小さな物語に一生懸命になる人がいるかもしれない。しかしこの二つは必ずしも排除し合うものではない。華厳経で、「仏の一毛孔のなかに一切世界が入っている」とされるように、小さな物語に投じることができることは、実は世界全体に関わり、大きな物語に関わり、背後にある空《くう》に関わっていると考えられないだろうか。つまりそれは無常や空を背景にもつ現実を通して、死に関わっているのである。

## 3　死の逆説と新生・帰還

われわれのこころの古層に残っている死の逆説性を、生への小さな物語として考えてきた。ここでは、死に近づいたときの夢や妄想から、死の逆説性を考えたい。その例として新生と帰還を取り上げる。

**死の逆説――子ども**

「独居なのに「家にかわいい子どもがいる」と言う七〇代の母　その不安に精神科医は？」という記事が『週刊朝日』にあった。七〇代の母親が、家にいるはずのない子どもがいると話している。それに対して精神科医は、その母親の話を認知症がはじまったための幻覚として捉えて、薬を飲むようにアドヴァイスしている。果たしてそのような単純なことだけに尽きるのであろうか。

高齢の人の夢、特に死期が迫った人の夢や幻覚に接したことがあるなら、小さな子どもがいるとか、小さな子どもがやってくるというイメージがしばしば生じることに気づかれたことがあるであろう。子どものことを不思議に思って接したり、違和感なく歓迎したりする人がいる反面、知らない子がいることを不快に思ってそれを追い返す人もいる。

西牧万佐子は、末期ガン患者のターミナルケアにおける夢を報告している。「女の赤ちゃんがいるの。生まれたのね。でも生まれてないね。だって声が、泣き声がしないんだもの。(後半略)」。

前節において、死の逆説性を指摘して、死を前にした人が具体的な生きる目標をもつことが多いのを取り上げた。同様に、小さな子どもや赤ちゃんは、死が新しい出発であることを示しているとはいえないだろうか。自分の肉体は衰え、なくなっていこうとしているのに、小さな子どもは新しい生、命が訪れてきていることを象徴的に示しているとは考えられないだろうか。究極の終わりであり、消滅であるはずの死とは、実は新しい命の誕生であり、再生ではなかろうか。このような逆説性を示すために、老人に対立する小さな子どものイメージが生じてくるのかもしれない。ユングが死の直前に見た夢で、母クズリ(いたち)が子クズリに水の中で潜ることや泳ぐことを教えているのも(河合隼雄『ユングの生涯』)、同じような意味で理解できる。

## 二つの態度

このように歓迎すべき、豊かなイメージならば、子どもを追い返してしまうとはどういうことであろうか。ユング心理学は、こころ全体、あるいは無意識と、意識の中心としての自我を区別する。こころ全体として見れば、子どもの訪れは新しい命の誕生としてすばらしいことであっても、自我にとってそれは単なる死を意味する。つまりそれは破壊的なことかもしれない。だから、子どもを拒否するのは、まだまだ自我や意識が強くて、この世にとどまろうとしているからだと考えられるのである。死の恐怖というのも，生の世界にしがみつきたいと思うから出てくるのであって，これも子どもを拒否する姿勢に通じる。このあたりが，どちらの視点から見るかによって，出来事の意味が全く変わってしまい，興味深いところである。

### 家に還る

もう一つ取り上げたいのが「家に帰る」という夢や幻覚で，これも死期が近づいてくるとしばしば生じるものである。入院していると，家に帰る夢を見たので，よくなって退院できると本人は思っていたのに，亡くなってしまったりする。今住んでいる家でなくて，実家が帰る家として登場することも多い。入院中で病室にいるのに，朦朧とした意識のために，それが自分の家だと信じ込んでしまう患者さんがいて，何度も自宅まで来てくれたことを感謝されたという話を主治医の方から聞いたこともある。ここは病院であるということを何度も説明しようとされたらしく，「そうですよね。来ましたよ。」と言ってあげればよかったとその主治医の方は後悔されていたが，人はいつも気がつくのが遅すぎるのかもしれない。

この場合の家に帰ることとは，病院や病気から現実や健康な生活に復帰することではなくて，自分の本来の場所に戻る，つまり死者や祖霊の国に戻ることを象徴的に示していると考えられる。死とは単なる消滅ではなくて，本来の自分の場所に還っていくことなのである。それは時間の源に戻ることとも同じである。またこれも子どもの拒否と同じように，生きていくというのは，帰還を拒否して，さすらい続けていくことなのかもしれない。さらには，伝統的なコミュニティが弱まっていき、ネットで様々なところとつながった、場所にしばられない生き方ができる現代において、場所のもつ意味がどのように変化してきているのかも考えさせられるところである。果たして人は、これからも死期が迫ると、自宅に帰る夢や実家に還る夢を見続けるであろうか。

### 死のイメージの多様性と多義性

宗教の影響が強い場合は別として、死のイメージは非常に個別的で、様々な現れ方をするけれども、ここでは比較的ポピュラーなイメージとして、子どもの訪れと家への帰還を取り上げた。片方が新生や新しい出発を意味しているのに対して、他方はそれとは逆のような親しんだところへの帰還を示しているのも興味深く、そのこと自体が死の逆説性を示唆している。

死との関連で取り上げたからといって、小さな子どもの夢や実家に還る夢を見たら、それが死と直結するわけではないことを、最後に付け加えておきたい。イメージは多義的であり、新しい生のはじまりとしての子どもの訪れという意味ですら、違うコンテキストで全く異なるニュアンスとなりうるのである。これが典型的な例を取り上げたり、それを調査したりすることのむずかしさである。ウィルスが簡単に変異するのと同じように、こころもたちまち知識によって汚染されたり、逆にそれの裏をかくように変わってしまったりするようなのである。それがこころを扱うことのむずかしさであり、また同時にそのおもしろさでもあるといえよう。

# おわりに――個人のこころと解決

## 時代と個人差

こころの最前線を考えていく中では、具体例を挙げつつも、歴史的な背景を考慮した現代における一般的なこころに焦点を当ててきた。しかしそもそもこころのモデルに古層と表層、あるいは最前線の違いがあるように、個人のバリエーションも大きい。つまり極端にいえば、こころの古層をはっきりと保ち、いわばまだ前近代の世界のこころ観で生きている人もいれば、葛藤や罪悪感の強い近代意識に濃く色づけられている人もいる。さらには葛藤やこだわりのない、全くポストモダン的な意識で生きている人まで、グラデーションが認められるのである。それは現代において世界観やこころが安定的な状態になくて、変容しつつあるからこそ生まれてくるギャップといえるかもしれない。

さらに現代においては、そのようにお互い生きている世界観が異なる人が出会うので、むずかしい問題が生じてくると思われる。それには異文化コミュニケーションと同じくらいの困難さが伴う。

近年において、主体性が曖昧な発達障害的なクライエントが増えていることを指摘してきたが、時には罪悪感が強かったり、主体性をめぐる葛藤に苦しんでいたりするクライエントに心理療法で出会うこともある。珍しく思って、そのような人の家族史や生活史に着目してみると、地方出身者であることが多い。つまり大都会では近代意識をめぐる葛藤はあまり重要でなくなっていったのに対して、地方ではそれがまだ残っているようなのである。

## 地域差

それどころか、地域によっては、拝み屋さんや神事などの伝統行事がまだ力をもっているところもあって、こころの古層が埋もれているのではなくて、日常の習慣や行事に残っている場合がある。そのような地域に生活していたり、そこの出身だったりするクライエントに接すると、ものが魂をもっていたり、あの世とつながっていたりすることがリアルであることがある。そのことが心理療法におおいに寄与することもある。

ここでは少し地域差のようにして説明したけれども、これはこころが全体としてある方向に進んでいるとしても、個々人ではその流れに乗っている人も乗っていない人もいて、かなりのバリエーションが生まれているためだと思われる。たとえば夢に関して、中世の日本ではある種の共通理解が存在していた。ところが現代の心理療法において夢について尋ねても、夢が大切であるという実感をもっている人と、それが非科学的で意味がないものとみなしている人がいて、共通理解は存在しない。しかも夢に親近感をもっている人の間でも、それを正夢のような直接性で理解している人も、象徴的に理解している人もいる。むしろ親近感をもっていたり、よく夢を見る人は、夢を直接的にとる人が多いのではなかろうか。

## こころと個別的解決

こころは変化してきているだけに、常に新しい課題と直面している。寿命が延びた中でのこころのあり方はどうなるのか、伝統的な宗教の影響力やコミュニティが弱まる中でのこころにとって死とは、ネット社会での人間関係とは、科学・テクノロジーの進歩と向き合うこころとは、などなど課題は無数にある。しかし死が迫ったときに、むしろ自分の個別の課題を見出して取り組むことが多いのを指摘したように、個々人のこころはほとんど不可能に思われる課題に直面しても、常に個別的な解決を見出していくのが特徴的である。

これについては、社会の根本問題に関して、心理療法は現状の中での個人の適応を促進するだけで、問題の解決に至らず、結局のところは体制の維持に加担してしまうという批判があった。これは以前における反精神医学の活動と思想にもつながる。それに対してユングは、現代のこころの大きな問題に対して、心理療法での個別の解決が、全般的な創造的解決につながっていくと考えていた。これは第一次世界大戦という危機的な状況に直面しても、『黒の書』や『赤の書』を通じての自らのこころと向き合う作業を行っていったという自身の経験に基づいていると思われる。

しかし震災のこころのケアなどに関わってみると、やはり時代における大きなこころの問題と、心理療法における個別の解決は別のように思われる。むしろ個別の問題に焦点を当て、それに絞り込むことができることにこそ、心理療法の成功がかかっているようにさえ思われるのである。

心理療法に携わっていると、今のこころの最前線はどのようになっていて、どのような問題があるのかを考えざるをえない。それに対して、一般的な解決法や提言が求められがちである。けれども、そのようなものが存在しないことこそが真理であり、出発点なのかもしれないのである。それは解決の諦めではなくて、それゆえにこそ解決を求めて真剣に取り組むことにつながっていくのである。

# 引用・参考文献


## はじめに

赤坂憲雄（二〇一四）「和解について」河合俊雄・赤坂憲雄 編『遠野物語──遭遇と鎮魂』岩波書店

ユング（河合隼雄他 訳）（一九七三）『ユング自伝2──思い出・夢・思想』みすず書房

ユング（河合俊雄 監訳）（二〇一〇）『赤の書』創元社（ユング（河合俊雄 監訳）（二〇一四）『赤の書 テキスト版』創元社）

河合俊雄（二〇一〇）『村上春樹の「物語」──夢テキストとして読み解く』新潮社

柳田國男（一九一〇／二〇〇四）『新版 遠野物語──付・遠野物語拾遺』角川ソフィア文庫

## 第1章　現代の心理療法とこころの古層

### 第1節

アスペルガー（一九九六）「子どもの『自閉的精神病質』」フリス（冨田真紀 訳）『自閉症とアスペルガー症候群』東京書籍、八三-一七八頁

カラブレイジ（松浦好治・松浦以津子 訳）（一九八九）『多元的社会の理想と法——「法と経済」からみた不法行為法と基本的人権』木鐸社
カナー（十亀史郎他 訳）（二〇〇〇）『幼児自閉症の研究』黎明書房
河合隼雄（河合俊雄 訳）（二〇一三）『日本人の心を解く——夢・神話・物語の深層へ』岩波現代全書
河合俊雄 編著（二〇一三）『ユング派心理療法』ミネルヴァ書房
河合俊雄 編（二〇一〇）『発達障害への心理療法的アプローチ』創元社
ウィング（久保紘章他 訳）（一九九八）『自閉症スペクトル』東京書籍

**第2節**

Croen, L. A., Grether, J. K., Hoogstrate, J., & Selvin, S. (2002) The Changing Prevalence of Autism in California. *Journal of Autism and Developmental Disorder*, **32**, 207–215.
土井隆義（二〇〇九）『キャラ化する／される子どもたち——排除型社会における新たな人間像』岩波ブックレット
Johnny, L. M., & Alison, M. K. (2011) The increasing prevalence of autism spectrum disorders. *Research in Autism Spectrum Disorders*, **5**, 418–425.
河合隼雄（二〇〇八）『とりかへばや、男と女』新潮選書
河合隼雄（河合俊雄 訳）（二〇一三）『日本人の心を解く——夢・神話・物語の深層へ』岩波現代全書
河合俊雄・田中康裕 編（二〇一六）『発達の非定型化と心理療法』創元社
Kim, Y. Sh., et al (2011) Prevalence of Autism Spectrum Disorders in a Total Population Sample. *American Journal of Psychiatry*, **168**, 904–912.

**第3節**

エレンベルガー（木村敏・中井久夫 監訳）（一九八〇）『無意識の発見・上』弘文堂

河合隼雄 編（一九六九）『箱庭療法入門』誠信書房
河合俊雄（二〇〇〇）『心理臨床の理論』岩波書店
河合俊雄（二〇一八）「世界のなかの日本の箱庭療法」『箱庭療法学研究』第三〇巻第三号、九五-一一四頁

**第4節**

ユング・パウリ（河合隼雄・村上陽一郎 訳）（一九七六）『自然現象と心の構造』海鳴社
河合隼雄（一九八六）『宗教と科学の接点』岩波書店
河合隼雄（二〇一三）『こころの最終講義』新潮文庫

**第5節**

河合俊雄・鎌田東二（二〇〇八）『京都「癒しの道」案内』朝日新書
中沢新一（二〇一〇）「ユングと曼荼羅」『ユングと曼荼羅　ユング心理学研究第2巻』創元社、九-三七頁
山森路子（二〇〇五）「心身症への心理臨床的アプローチ――身体症状の奥に広がる心の世界」山中康裕・河合俊雄 編『心理療法と医学の接点　京大心理臨床シリーズ2』創元社、六八-七九頁

## 第2章　現代の症状とこころの古層

**第1節**

エレンベルガー（木村敏・中井久夫 監訳）（一九八〇）『無意識の発見・上』弘文堂
フロイト（芝伸太郎 訳）（二〇〇八）『フロイト全集第2巻　ヒステリー研究――一八九五年』岩波書店
Jung, C. G.（1921）Psychologische Typen. GW 6. Walter-Verlag, 1960（ユング（林道義 訳）（一九八七）『タイプ論』みすず書房）
ユング（宇野昌人 訳）（二〇〇六）『心霊現象の心理と病理』法政大学出版局

**第2節**

ホイジンガ（堀越孝一 訳）（二〇一八）『中世の秋』中公文庫

野間俊一（二〇一二）『身体の時間』筑摩書房

**第3節**

Jung, C.G. (1934) Zur gegenwärtigen Lage der Psychotherapie. In: GW 10, §367. (Jung, C.G. The state of psychotherapy today. In: CW 10, par. 367)

河合俊雄（二〇一一）『村上春樹の「物語」――夢テキストとして読み解く』新潮社

村上春樹（一九八五）『世界の終りとハードボイルド・ワンダーランド』新潮社

村上春樹（一九九四-一九九五）『ねじまき鳥クロニクル』新潮社

村上春樹（一九九九）『スプートニクの恋人』講談社

村上春樹（二〇〇二）『海辺のカフカ』新潮社

村上春樹（二〇〇九-二〇一〇）『1Q84』新潮社

村上春樹（二〇一七）『騎士団長殺し』新潮社

トゥアン（阿部一 訳）（一九九三）『個人空間の誕生』せりか書房

柳田國男（一九一〇／二〇〇四）『新版 遠野物語――付・遠野物語拾遺』角川ソフィア文庫

**第4節**

笠原嘉（一九六七）「内因性精神病の発病に直接前駆する「心的要因」について」『精神医学』第九巻、四〇三-四一二頁

武野俊弥（一九九四）『分裂病の神話』新曜社

田中康裕（二〇一〇）「大人発達障害への心理療法的アプローチ――発達障害は張り子の羊の夢を見るか?」河合俊雄 編『発達障害への心理療法的アプローチ』創元社、八〇-一〇四頁

内海健（二〇一六）「精神の病が映す「こころのゆくえ」――統合失調症と自閉症」大澤真幸 編『宗教とこころの新時代』岩波書店

### 第5節

エレンベルガー（木村敏・中井久夫 監訳）（一九八〇）『無意識の発見・上』弘文堂
木村敏・河合俊雄・鎌田東二・畑中千紘（二〇〇九）「変化するこころ、変化しないこころ」『こころの未来』第三号、三〇-三七頁
マイヤー（河合俊雄 訳）（一九八九）『夢の意味』創元社
野間俊一（二〇一二）『身体の時間』筑摩書房
テレンバッハ（木村敏 訳）（一九八五）『メランコリー［改訂増補版］』みすず書房

### 第6節

藤村久和（一九八五）『アイヌ、神々と生きる人々』福武書店
カーンバーグ（西園昌久 監訳）（一九九六）『重症パーソナリティー障害』岩崎学術出版社
衣笠隆幸（二〇〇四）「境界性パーソナリティ障害と発達障害――「重ね着症候群」について」『精神科治療学』第一九巻第六号、六九三-六九九頁

## 第3章　こころと象徴性

### 第1節

ギーゲリッヒ（河合俊雄 訳）（二〇〇〇）「オケアノスと血液循環」河合俊雄（編・監訳）『魂と歴史性――ユング心理学の展開（ギーゲリッヒ論集）1』日本評論社
Jung, C. G. (1921) Psychologische Typen. GW 6. Walter-Verlag, 1960（ユング（一九八七）（林道義 訳）『タイプ

論』みすず書房）
河合隼雄・谷川俊太郎（一九九三）『魂にメスはいらない』講談社＋α文庫

### 第2節

Jung, C. G. (1935) Über die Archetypen des kollektiven Unbewußten. In: Jung, C. G. (1983) GW 9/I, 5. Auflage, Walter: Olten, §23（ユング（林道義 訳）（一九八二）「集合的無意識の諸元型について」『元型論』紀伊國屋書店）
河合隼雄（一九六七／二〇〇九）『ユング心理学入門』岩波現代文庫
河合俊雄 編（二〇一〇）『発達障害への心理療法的アプローチ』創元社
中沢新一（二〇〇二）『人類最古の哲学　カイエ・ソバージュⅠ』講談社
ユング（河合俊雄 監訳）（二〇一〇）『赤の書』創元社（ユング（河合俊雄 監訳）（二〇一四）『赤の書 テキスト版』創元社）

### 第3節

村上春樹（一九九四-一九九五）『ねじまき鳥クロニクル』新潮社
村上春樹（二〇〇二）『海辺のカフカ』新潮社
村上春樹（二〇一〇）『夢を見るために毎朝僕は目覚めるのです――村上春樹インタビュー集 一九九七-二〇〇九』文藝春秋
村上春樹（二〇〇九-二〇一〇）『１Ｑ８４』新潮社

## 第4章　儀式と心理療法

### 第1節

ヘネップ（綾部恒雄・綾部裕子 訳）（二〇一二）『通過儀礼』岩波文庫

ヘンダーソン（河合隼雄・浪花博 訳）（一九七四）『夢と神話の世界――通過儀礼の深層心理学的解明』新泉社
Jung, C. G. (1942) Die Vision des Zosimos. In: GW 13（ユング（老松克博 訳）（二〇一八）『ゾシモスのヴィジョン――古代ギリシアの錬金術師による夢見の指南書』竜王文庫）
河合隼雄（一九七五）「心理療法におけるイニシエーションの意義」『臨床心理事例研究』（京都大学心理教育相談室紀要）第二号、一二三-一二八頁（河合隼雄（二〇一三）『新版 心理療法論考』創元社、所収）

**第2節**

Findeisen, H. & Gehrts, H. (1983) Die Schamanen. *Diederichs*, S.64.
Gehrts, H. (1985) Initiation. *Gorgo*, **8**, S.37.
ユング（河合隼雄他 訳）（一九七二）『ユング自伝1――思い出・夢・思想』みすず書房
河合俊雄（二〇〇〇）「イニシエーションにおける没入と否定」『講座心理療法1 心理療法とイニシエーション』岩波書店、一九-五九頁
中沢新一（一九八三）『チベットのモーツァルト』せりか書房
高石恭子（一九九六）「風景構成法における構成型の検討――自我発達との関連から」山中康裕 編著『風景構成法その後の発展』岩崎学術出版社、二三九-二六四頁
山中康裕（一九八四）「風景構成法事始め」『中井久夫著作集別巻H. NAKAI風景構成法』岩崎学術出版社、一-三六頁

**第3節**

ギーゲリッヒ（河合俊雄 訳）（二〇〇〇）「オケアノスと血液循環」河合俊雄（編・監訳）『魂と歴史性――ユング心理学の展開（ギーゲリッヒ論集）1』日本評論社
ユング（河合俊雄 監訳）（二〇一〇）『赤の書』創元社（ユング（河合俊雄 監訳）（二〇一四）『赤の書 テキスト版』

創元社）
河合隼雄（二〇一四）『大人になることのむずかしさ』岩波現代文庫
河合俊雄 編（二〇一〇）『発達障害への心理療法的アプローチ』創元社
河合俊雄（二〇一五）『ユング』岩波現代文庫
田中康裕（二〇一〇）「大人発達障害への心理療法的アプローチ——発達障害は張り子の羊の夢を見るか？」河合俊雄 編『発達障害への心理療法的アプローチ』創元社、八〇-一〇四頁
ユング（河合隼雄他 訳）（一九七三）『ユング自伝2——思い出・夢・思想』みすず書房

## 第5章　こころと論理

### 第1節

河合隼雄（一九九八）『こころの処方箋』新潮社
中村雄二郎（一九八七）『西田哲学の脱構築』岩波書店
中沢新一（二〇一九）『レンマ学』講談社
Jung, C. G. (1916) Die Transzendente Funktion. In C. G. Jung (1982) GW. 8. Die Dynamik des Unbewußten. 4. Auflage, Walter-Verlag, §131-193.

### 第2節

河合隼雄（河合俊雄 訳）（二〇一三）『日本人の心を解く——夢・神話・物語の深層へ』岩波現代全書
河合隼雄（二〇一七）『昔話と日本人の心』岩波現代文庫
ル＝グウィン（清水真砂子 訳）（二〇〇九）『影との戦い・ゲド戦記1』岩波少年文庫
中沢新一（二〇〇四）『対称性人類学 カイエ・ソバージュ5』講談社

中村雄二郎（一九八七）『西田哲学の脱構築』岩波書店

### 第3節

フロイト（武田青嗣 編・中山元 訳）（一九九六）「快楽原則の彼岸」『自我論集』ちくま学芸文庫

Giegerich, W. (1998) The soul's logical life: Towards a rigorous notion of psychology. Frankfurt a.M., Peter Lang.（ギーゲリッヒ（田中康裕 訳）（二〇一八）『魂の論理的生命——心理学の厳密な概念に向けて』創元社）

Jung, C.G. (1946) Die Psychologie der Uebertragung. In: GW 16. Walter-Verlag, 4. Auflage, 1984.（ユング（林道義・磯上恵子 訳）（二〇〇〇）『転移の心理学』みすず書房）

Jung, C.G. (1984) Mysterium Coniunctionis. In: GW 14/I, II. 4. Neuauflage, Walter-Verlag.（ユング（池田紘一 訳）（一九九五）『結合の神秘Ⅰ』、（二〇〇〇）『結合の神秘Ⅱ』人文書院）

河合隼雄（一九九五）『明恵 夢を生きる』講談社+α文庫

### 第4節

鎌田茂雄・上山春平（一九九六）『無限の世界観〈華厳〉仏教の思想6』角川文庫

Kawai, T. (2018) The loss and recovery of transcendence: Perspectives of Jungian psychology and the Hua-Yen school of Buddhism. In: Cambray, J., & Sawin, L. (Eds) *Research in Analytical Psychology: Applications from Scientific, Historical, and Cross-Cultural Research.* Routledge. 197–209.

中沢新一（二〇一九）『レンマ学』講談社

Jung, C.G. (1951/1995) Aion: Beiträge zur Symbolik（ユング（野田倬 訳）（一九九〇）『アイオーン』人文書院）

## 第6章　夢とこころの古層

### 第1節

フロイト（高橋義孝 訳）（一九六九）『夢判断 上・下』新潮文庫

### 第2節

張競（二〇一四）『夢想と身体の人間博物誌』青土社

折口信夫（二〇〇二）「古代生活の研究——常世の国」『古代研究Ⅰ　祭りの発生』中公クラシックス

柳田國男（一九一〇／二〇〇四）『新版 遠野物語——付・遠野物語拾遺』角川ソフィア文庫

### 第3節

本郷恵子（二〇一五）『怪しいものたちの中世』角川選書

### 第4節

河合隼雄（河合俊雄 訳）（二〇一三）『日本人の心を解く——夢・神話・物語の深層へ』岩波現代全書

エレンベルガー（木村敏・中井久夫 監訳）（一九八〇）『無意識の発見・上』弘文堂

河合隼雄（一九六七／二〇〇九）『ユング心理学入門』岩波現代文庫

### 第5節

ギーゲリッヒ（河合俊雄 訳）（二〇〇三）「治療において何が癒すのか」『こころの科学』第一〇九号、一一四-一二五頁

河合隼雄・中村雄二郎（二〇一七）『新・新装版　トポスの知——［箱庭療法］の世界』CCCメディアハウス

### 第6節

Hillman, J. (1979) *The dream and the underworld.* Harper & Row.（ヒルマン（實川幹朗 訳）一九九八『夢はよみの国から』青土社）

ユング（河合俊雄 監訳）（二〇一〇）『赤の書』創元社（ユング（河合俊雄 監訳）（二〇一四）『赤の書 テキスト版』創元社）

河合隼雄（河合俊雄 訳）（二〇一三）『日本人の心を解く――夢・神話・物語の深層へ』岩波現代全書

## 第7章　身体と時間

### 第1節

エレンベルガー（木村敏・中井久夫 監訳）（一九八〇）『無意識の発見・上』弘文堂

### 第2節

Alexander, F. (1950) *Psychosomatic medicine: Its principles and applications.* New York: Norton.

Hasegawa, C., Umemura, K., Kaji, M., Nishigaki, N., Kawai, T., Tanaka, M., Kanayama, Y., Kuwabara, H., Fukao, A.,& Miyauchi, A. (2013) Psychological characteristics of the neo-ffi and the tree drawing test in patients with thyroid disease. *Psychologia* **56**, 138–153.

城谷仁美（二〇一九）「膠原病から癌を併発した30代女性の心理療法過程に対する一考察」『箱庭療法学研究』第三二巻、一一五-一二六頁

Sifneos, P.E. (1973) The prevalence of 'alexithymic' characteristics in psychosomatic patients. *Psychotherapy and Psychosomatics*, **22**, 255–262.

### 第3節

真木悠介（二〇〇三）『時間の比較社会学』岩波現代文庫

ミヒャエル・エンデ（大島かおり 訳）（二〇〇五）『モモ』岩波少年文庫

**第4節**

エリアーデ（風間敏夫 訳）（一九六九）『聖と俗』法政大学出版局

ジョーン・ロビンソン（二〇〇三）（松野正子 訳）『思い出のマーニー上・下』岩波少年文庫

鎌田茂雄・上山春平（一九九六）『無限の世界観〈華厳〉仏教の思想6』角川文庫

フィリパ・ピアス（二〇〇〇）（高杉一郎 訳）『トムは真夜中の庭で』岩波少年文庫

真木悠介（二〇〇三）『時間の比較社会学』岩波現代文庫

ミヒャエル・エンデ（大島かおり 訳）（二〇〇五）『モモ』岩波少年文庫

**第5節**

エレンベルガー（木村敏・中井久夫 監訳）（一九八〇）『無意識の発見・上』弘文堂

ジョーン・ロビンソン（二〇〇三）（松野正子 訳）『思い出のマーニー上・下』岩波少年文庫

河合隼雄（二〇〇九）『カウンセリング教室』創元社

フィリパ・ピアス（二〇〇〇）（高杉一郎 訳）『トムは真夜中の庭で』岩波少年文庫


## 第8章　こころの内と外


**第1節**

第一回京都こころ会議国際シンポジウム（二〇一七）「こころと共生」（講演動画ページ：http://kokoro.kyoto-u.ac.jp/jp/KyotoKokoroInitiative/2018/06/12017918.php）

広井良典（二〇一七）“Sustainable Society, Sustainable Mind”（持続可能な社会、持続可能なこころ）（京都こころ会議国際シンポジウムにおける講演、二〇一七年九月一八日）

佐藤仁（二〇一九）『反転する環境国家』名古屋大学出版会

釈徹宗（二〇一七）"Symbiosis of Religious Beliefs"（信仰の共生）（京都こころ会議国際シンポジウムにおける講演、二〇一七年九月一八日）
Shihui, H. (2017) "Cognitive/Affective and Neural Obstacles of Human Symbiosis"（人類の共生を妨げる認知・情動基盤と神経機構）（京都こころ会議国際シンポジウムにおける講演、二〇一七年九月一八日）
末木文美士（二〇一七）『草木成仏の思想――安然と日本人の自然観』サンガ文庫

**第2節**

広井良典（二〇一七）"Sustainable Society, Sustainable Mind"（持続可能な社会、持続可能なこころ）（京都こころ会議国際シンポジウムにおける講演、二〇一七年九月一八日）
Joseph, C. (2017) "Synchronistic Phenomena and Psychological Symbiosis"（共時的現象と心理学的共生）（京都こころ会議国際シンポジウムにおける講演、二〇一七年九月一八日）
中沢新一（二〇一九）『レンマ学』講談社

**第3節**

河合俊雄（二〇一四）「震災のこころのケア活動――縁と物語」『箱庭療法学研究』第二六巻（特別号）、一－一六頁（J-stage よりダウンロード可）
エレンベルガー（木村敏・中井久夫 監訳）（一九八〇）『無意識の発見・上』弘文堂

**第5節**

Merchant, J. (2016) The use of Skype in analysis and training: a research and literature review. *Journal of Analytical Psychology*, **61**, 309-328.

**第6節**

村上春樹（一九八七）『ノルウェイの森』講談社

村上春樹（一九九四－一九九五）『ねじまき鳥クロニクル』新潮社
村上春樹（二〇〇二）『海辺のカフカ』新潮社
村上春樹（二〇〇九－二〇一〇）『1Q84』新潮社

## 第9章　死とこころ

### 第1節

本郷恵子（二〇一五）『怪しいものたちの中世』角川選書
ユング（河合隼雄他 訳）（一九七三）『ユング自伝2――思い出・夢・思想』みすず書房
河合隼雄・谷川俊太郎（一九九三）『魂にメスはいらない』講談社＋α文庫
真木悠介（二〇〇三）『時間の比較社会学』岩波現代文庫
鶴岡真弓（二〇一七）『ケルト 再生の思想』ちくま新書
山極壽一・小川洋子（二〇一九）『ゴリラの森、言葉の海』新潮社

### 第2節

河合俊雄（二〇一四）「震災のこころのケア活動――縁と物語」『箱庭療法学研究』第二六巻（特別号）、一－一六頁

### 第3節

河合隼雄（一九七八）『ユングの生涯』レグルス文庫
西牧万佐子（二〇一一）「出会いと別れの接点――末期がん患者との面接過程」『ユング心理学研究』第三巻、一〇一－一二二頁
大石賢吾（二〇一九）「独居なのに「家にかわいい子どもがいる」と言う70代の母　その不安に精神科医は?」『週刊朝日』二〇一九年四月四日号

# あとがき

本書は、ミネルヴァ書房の月刊誌『究』に二〇一六年九月号から二〇一九年一二月号まで、「こころの最前線と古層」と題して四〇回にわたって（巻頭に）連載されたものに基づいている。書籍化に際しては、全体を9章に構成し直し、それぞれの節を一・五倍から二倍に加筆して書き直した。またNHKのEテレ『100分de名著』でミヒャエル・エンデ作『モモ』を取り上げる機会があったことから、時間に関する三節を新たに執筆して、第7章「身体と時間」に付け加えた。文献については、論文風に引用するのはやめて、基本的に本文には著者・タイトルのみを入れて、巻末に章・節ごとに参考文献として入れた。節ごとに参照できるようにしてあるので、同じ本が何度も使われても、それぞれの節に文献として入っている。興味のある方は参照していただければと思う。

「はじめに」でも書いたが、わたしが心理療法家として訓練を受けていた時期には、それまでの心理療法の常識を打ち破る境界例にどう対処するかが大きな課題であった。それが一九九〇年代に下火になって、解離性障害が増えてきたときは驚きだったが、二〇〇〇年過ぎから発達障害が一番多くなっている。このように心理療法はどんどんと変化していくこころに対応を迫られる。発達障害の中核的特徴として主体性の問題が明らかになっていき、心理療法のポイントとしてセラピストの積極的な関与に気づき、イメージの重要性を再発見していったのは自分でも目から鱗が落ちるような体験だったが、それも早晩古くなっていくかもしれない。今回の新型コロナウイルスによるパンデミックも、きっとこころに大きな影響を与えるであろう。

変わるこころと同時に変わらぬこころの古層が存在していて、それは日本で臨床をしていると強く感じさせられる。それは中国から、後には西洋からの文化を取り入れつつも、変わらぬものが保たれている日本に特有であるかもしれない。いろいろな国の臨床家と接する機会が増え、また様々な国での訓練にも関わるようになって、日本でのことはどこまでグローバルなものなのか、それとも文化的なことなのか、またたとえ文化的なものであっても、こころや心理療法の本質に寄与できるものなのか、今後は検討していければと思う。このこころの古層が今のこころの最前線と交錯するのがおもしろいところである。その意味でポストモダンはこころの古層と遠くて近く、また近くて遠いのかもしれない。

本書は、これまでのクライエントの方々、スーパーヴィジョンや事例検討会で事例を聴かせていただいた同僚の方々なくしてはありえない。残念ながら秘密保持の関係で、ぴったりの例を使えなかったり、抽象化せざるをえなかったりしたこともあるが、たとえ具体的に言及していなくても、多くの例は本書にリアリティと厚みを与えてくれているのではと思っている。それらのことを共有できたことに感謝したいし、また本書を通じて読者の方々とも共有できればと思う。

最後に、本書の成立に関しては、ミネルヴァ書房編集者の丸山碧さんにお世話になった。特に連載中には、遅れがちなわたしの原稿にいつも辛抱強くおつき合いいただいた。記して感謝したい。

二〇二〇年四月二九日

河合俊雄

## や　行



## ら　行



## 欧　文

## さ　行

# 索　引

（＊は人名）

《著者紹介》

河合俊雄（かわい・としお）

1957年生まれ。

京都大学大学院教育学研究科修士課程修了、phD（チューリッヒ大学）。

現　在　京都大学こころの未来研究センター教授・センター長。国際分析心理学会（IAAP）会長。

主　著　『心理臨床の理論』（岩波書店、2000年）

『ユング』（岩波現代文庫、2015年）

『村上春樹の「物語」』（新潮社、2011年）

『発達障害への心理療法的アプローチ』（編、創元社、2010年）

『ユング派心理療法』（編著、ミネルヴァ書房、2013年）など

叢書・知を究める⑱

心理療法家がみた日本のこころ

――いま、「こころの古層」を探る――

2020年9月10日　初版第1刷発行　〈検印省略〉

定価はカバーに
表示しています

著　者　河　合　俊　雄

発行者　杉　田　啓　三

印刷者　田　中　雅　博

発行所　株式会社　ミネルヴァ書房

607-8494　京都市山科区日ノ岡堤谷町1

電話代表（075）581-5191

振替口座　01020-0-8076



創栄図書印刷・新生製本

ISBN978-4-623-09033-4

Printed in Japan